Vouloir vivre

Coordonnatrice de l'édition: Linda Nantel
Conception graphique de la couverture: Christiane Houle
Photographie: Comstock/M & C Werner

DISTRIBUTEURS EXCLUSIFS:

- Pour le Canada et les États-Unis:
LES MESSAGERIES ADP*
955, rue Amherst, Montréal H2L 3K4
Tél.: (514) 523-1182
Télécopieur: (514) 939-0406
* Filiale de Sogides ltée

- Pour la Belgique et le Luxembourg:
PRESSES DE BELGIQUE S.A.
Boulevard de l'Europe 117
B-1301 Wavre
Tél.: (10) 41-59-66
       (10) 41-78-50
Télécopieur: (10) 41-20-24

- Pour la Suisse:
TRANSAT S.A.
Route des Jeunes, 4 Ter
C.P. 125
1211 Genève 26
Tél.: (41-22) 342-77-40
Télécopieur: (41-22) 343-46-46

- Pour la France et les autres pays:
INTER FORUM
Immeuble ORSUD, 3-5, avenue Galliéni, 94251 Gentilly Cédex
Tél.: (1) 47.40.66.07
Télécopieur: (1) 47.40.63.66
Commandes: Tél.: (16) 38.32.71.00
                Télécopieur: (16) 38.32.71.28
                Télex: 780372

ANDRÉE GAUVIN • ROGER RÉGNIER

Vouloir vivre

Les luttes et les espoirs du malade

le jour,
éditeur

Données de catalogage avant publication (Canada

Gauvin, Andrée

   Vouloir vivre: les luttes et les espoirs du malade

   1. Malades — Psychologie.   2. Diagnostics — Aspect psychologique.
3. Événements stressants de la vie.   4. Malades — Relations familiales.
I. Régnier, Roger. II. Titre.

R726.5.G38   1994   616'.001'9 C94-940418-7

© 1994, Le Jour,
une division du groupe Sogides

Dépôt légal: 2e trimestre 1994
Bibliothèque nationale du Québec

ISBN 2-8904-4515-1

Préface

Ce livre n'est pas un livre de cuisine. Vous n'y trouverez pas de recettes qui promettent le bonheur. Il n'y en a que trop. Vous y trouverez surtout de l'information. L'information est précieuse en tout temps. Elle l'est encore plus quand survient la maladie. Elle dissipe les doutes, permet une meilleure emprise sur les événements. Elle est porteuse de soutien quand cela va moins bien.

En règle générale, si nous arrivons à dire que «cela va plutôt bien» ou que nous sommes heureux, c'est que nous avons le sentiment que nous pouvons mener notre vie à notre gré, ou presque. Nous avons le sentiment (rarement la certitude, on l'avouera volontiers) d'en avoir la maîtrise suffisante la plupart du temps et dans la plupart des situations. Nous en tirons une certaine confiance que les choses pourront continuer de bien aller, que nous avons un peu d'emprise sur notre avenir.

Même si la vie se charge bien de nous rappeler que cette maîtrise est incomplète et imparfaite, nous arrivons à retrouver, en puisant dans nos ressources intérieures et extérieures, auprès de nos proches, dans nos succès passés, les forces qui nous permettent de retrouver cette maîtrise et cette confiance qui nous invitent à continuer. Un peu comme le roseau de Jean de La Fontaine, les événements nous feront plier temporairement, sans rompre.

Nous arrivons ainsi à naviguer dans les remous de la vie sans nous préoccuper vraiment de savoir pourquoi nous *y arrivons. Nous pressentons d'instinct que cela est rendu possible grâce à un certain nombre de facteurs qui s'additionnent pour nous donner ce qu'il faut de vigueur pour y parvenir. La plupart du temps, nous tenons ces facteurs pour acquis, sans prendre conscience chaque fois qu'ils agissent pour nous. Nous sommes ainsi faits.*

Il en va ainsi de la santé que nous savons précieuse. Elle est l'une de ces composantes de la capacité à mener notre vie de façon autonome et confiante. La plupart du temps nous la tenons pour acquise.

La maladie est certainement l'événement qui va le plus menacer le sentiment de maîtrise et de confiance dont nous avons si régulièrement besoin. La menace sera d'autant plus grande que la maladie sera plus grave. Si la maladie entraîne une perte durable de la santé, il s'ensuivra malheureusement la perte de ce sentiment de maîtrise qui permettait jusque-là de trouver que «cela allait plutôt bien».

La prise en charge par les médecins et le système de soins, même bien intentionnée, contribue trop souvent à accentuer cette perte. Le discours des malades est très éloquent:

«Je ne m'appartiens plus.»
«Je n'ai plus un mot à dire.»
«Je me sens dépossédé de ma vie.»
«Ma vie est entre les mains des soignants.»
«En plus d'être à la merci du destin et de la maladie, j'ai aussi la sensation d'être à la merci de mes soignants et des miens.»

Racontée par cet autre patient de façon plus imagée, la conduite des soins par les médecins et les autres soignants prend des airs de véritable cauchemar:

«Depuis des années, tu conduis toi-même ton automobile. D'un seul coup, quelqu'un que tu ne connais pas prend ta place, te fais asseoir derrière, les yeux bandés. Tu as peur, tu lui demandes où on va. Pour toute réponse, il te dit de lui faire confiance. C'est exactement comme cela depuis que je suis malade.»

Les malades que je rencontre me parlent beaucoup de cette perte de la maîtrise de leur vie que causent la maladie et tout ce qui vient avec elle. Ils me parlent aussi de leur solitude, de leur isolement. La maladie soulève des questions, des remises en question, souvent brutales et effrayantes, des émotions parfois très vigoureuses. Elle amène aussi le doute, l'incertitude, la peur. Tous ces sentiments peuvent bousculer le malade assez fortement pour qu'il en vienne à se demander s'il est normal de les ressentir et qu'il craigne de les révéler à ses proches, de les partager.

Si, en plus, les proches sont eux-mêmes très atteints par la maladie de l'autre, s'ils ont peur de l'entendre exprimer sa tristesse, son angoisse, ses frayeurs, il est facile d'imaginer la profondeur de la solitude du malade.

Je connais bien ce que je viens de décrire, puisque c'est de cela, de cela surtout, que me parlent les malades que je rencontre depuis vingt ans. Ils sont tous atteints sérieusement. Les thèmes de «maîtrise et de solitude» reviennent chez la majorité d'entre eux. Plus encore que la douleur et autres sujets qu'ils peuvent aborder.

Ils revendiquent d'être entendus, écoutés. Ils revendiquent d'être informés, d'être éclairés sur le déroulement et les objectifs de leurs traitements. Ils ont besoin de savoir pour reprendre un certain sentiment de maîtrise.

Ils ont aussi besoin d'être rassurés. De savoir que quelqu'un est prêt à entendre leur détresse sans que cela le fasse fuir comme s'il était anormal. Il me semble que la conduite heureuse des traitements passe par une sorte de partenariat avec ses soignants et par le compagnonnage des proches.

Simplement transmise, l'information que vous proposent les auteurs de ce livre vous permettra peut-être de voir que tout n'est pas si désorganisé, malgré la maladie. Que ce que vous ressentez, d'autres aussi le ressentent. Que vous n'êtes pas seul. Que vous avez des moyens, les vôtres, de retrouver le sentiment d'être encore à la barre de votre vie. Il ne remplacera pas le proche que vous aimez avoir près de vous, il ne sera pas l'ami qui va vous écouter et vous rassurer. Il ne vous donnera pas les renseignements et le soutien que vous espérez de votre médecin. Vous y trouverez quand même des éléments d'informations utiles que vous pourrez ajouter à votre propre outillage.

Yves Quenneville, m.d., F.R.C.P. (C),
psychiatre en oncologie et en soins palliatifs

Introduction

Sitôt la rédaction de notre dernier livre portant sur l'accompagnement des proches, des bénévoles et des soignants terminée, nous nous sommes demandé si nous ne devions pas aussi nous adresser aux malades. C'est alors que germa l'idée de tenter de rejoindre les malades eux-mêmes pour les aider à surmonter les moments difficiles. La réponse vint d'elle-même, appuyée par les suggestions des lecteurs et de l'éditeur qui nous ont incités à poursuivre notre but. Par conséquent, le présent ouvrage complète le précédent; à la différence toutefois qu'ici nous insistons principalement sur ce que vit le malade. Néanmoins, il importe de considérer les proches* et les intervenants comme une partie intégrante du réseau de soins et de soutien.

Cet ouvrage est destiné, en premier lieu, aux personnes à qui on annonce un diagnostic (l'identification d'une maladie par ses symptômes) et un pronostic (les prévisions sur ce qui doit arriver) plus ou moins sévères et, en deuxième lieu, à toute personne touchée de près ou de loin par une telle situation.

---

* Nous tenons à préciser que, dans le contexte du présent ouvrage comme pour plusieurs équipes de soins, les termes «proches», «entourage» et «famille» sont à toutes fins utiles souvent interchangés et utilisés comme synonymes.

Nous concentrant sur les préoccupations du malade, ses doutes, ses attentes, ses besoins et ses demandes, nous voulons mettre en relief tout ce qui peut être entrepris malgré la sévérité du diagnostic: les luttes à mener, les batailles à gagner, l'identification des lignes de force et d'espoir, une meilleure clarification et compréhension de la situation, la consolidation des ressources et du soutien. Dans un tel contexte, il nous semble possible d'offrir au malade des pistes de réflexion et d'action propres à stimuler ses facultés combatives, à lui apporter des éléments de réponses et, finalement, à contribuer au maintien d'une certaine sérénité, tout en facilitant la concertation bienfaisante de plusieurs intervenants.

Dès le début, certaines réflexions se sont imposées.

D'abord, notre ouvrage ne pouvait être destiné exclusivement au malade. Il nous semble en effet capital de toujours considérer celui-ci comme un membre à part entière de son milieu socio-affectif, avec ses qualités propres, ses désirs, ses limites, ses espoirs et ses besoins particuliers. En regard de ces considérations, nous devions nous adresser également à ses proches et tenter de répondre à leurs préoccupations.

Ensuite, nous avons choisi de ne pas nous adresser exclusivement aux patients en fin de vie, mais aussi, et surtout, aux malades dont la vie est sérieusement menacée. Ces derniers se posent certes des questions plus ou moins angoissantes sur l'issue de leur existence et se voient inévitablement contraints d'envisager certains renoncements. Cependant, nous voulons avant tout insister sur leur détermination à mener les luttes pouvant encore être gagnées.

Et puis, dans un contexte de maladie grave, nous ne pouvions pas repousser davantage l'éventualité de la fin de vie en excluant ainsi les malades qui reçoivent un pronostic de terminalité à moyen ou à long terme, car il leur reste beaucoup de choses à faire, d'autres combats à mener. Aussi, nous espérons pouvoir les rejoindre dans ce qu'ils vivent.

Enfin, nous avons choisi de parler de la vie plutôt que de la mort. En conséquence, nous n'aborderons pas les thèmes de «l'après-vie» ou «l'après-mort», préférant plutôt demeurer en terrain humaniste et pragmatique et nous concentrer sur l'être vivant. Dans cet esprit, **le présent ouvrage ne se veut pas un guide ou une méthode pour apprivoiser la mort.**

Les quatre premiers chapitres* sont consacrés à la communication du diagnostic et du pronostic, aux réactions et aux conséquences qu'ils provoquent tant chez le malade que dans son entourage, ainsi qu'aux premières luttes devant être entreprises pour réduire leurs effets déstabilisants et maintenir un état satisfaisant de clairvoyance et de lucidité. Les quatre chapitres suivants mettent l'accent sur l'aide et le réconfort que le malade peut obtenir de diverses sources de soutien spécialisé ou non (soins et accompagnement). Nous abordons ensuite les ressources personnelles du malade et la relation avec ses proches, les moyens ou activités capables de l'aider à atteindre une certaine sérénité et à réduire son anxiété. Après le chapitre sur les renoncements, nous terminons par les valeurs, la détermination et le sens de l'accomplissement qui renforcent son désir de vivre.

---

* Dans les chapitres 3, 4 et 5 notamment, nous abordons le thème du traitement de la vérité. Pour ce faire, nous nous sommes inspirés du document *La vérité au malade,* rédigé par le comité de Bioéthique du Centre hospitalier Notre-Dame-de-la-Merci et publié en mars 1983.

CHAPITRE PREMIER

Le choc du diagnostic

«J'ai été secouée en apprenant la gravité de mon état. Je me suis sentie tout à coup très seule, frissonnant des pieds à la tête. Sur le moment, je n'ai pas pu m'empêcher d'imaginer le pire et je me souviens avoir pensé tout de suite à mon mari et à mes enfants. Quelles seraient leurs réactions? J'avais besoin de faire le point avant de leur communiquer la nouvelle. Comment allais-je réagir moi-même dans les jours suivants? Pourquoi ce coup du sort? Pourquoi moi, maintenant? À qui, à quoi la faute? Ai-je un avenir? Quelle sorte d'avenir nous attendait ma famille et moi? Comment nous organiser pour affronter la crise? Moi qui, habituellement, étais si forte, je me sentais brisée, privée de mes moyens et incapable d'arrêter le flot de pensées qui se bousculaient dans ma tête et j'en perdais le fil.

«Je n'aurais jamais imaginé être un jour aussi ébranlée et il m'a fallu du temps pour me ressaisir. Maintenant, je me sens plus forte, je comprends mieux la nature et l'évolution de la maladie. J'ai bon espoir dans les traitements qu'on me propose et ma famille et moi sommes déterminés à lutter ensemble.»

La moindre menace à la santé suffit à provoquer de l'appréhension et une situation plus sérieuse peut devenir très angoissante. Si vous lisez ce livre, c'est peut-être votre cas ou celui d'un être qui vous est cher. Le court récit qui précède vous rappelle sans doute certaines émotions vécues. Il se peut qu'il évoque l'effet de panique ou de léthargie ressenti à l'annonce d'un diagnostic sévère. Ou avez-vous éprouvé plutôt une puissante volonté de combattre l'adversité? Ou encore êtes-vous sous l'emprise d'émotions et de sentiments mêlés, tels le désarroi et l'inquiétude, le découragement et l'impuissance, la colère et l'anxiété? Il est possible que vous soyez encore sous le choc provoqué par la menace et que la réalité vous paraisse extrêmement difficile à assimiler. Il est tout aussi possible que vous ayez surmonté les premières difficultés et que vous soyez déjà engagé dans un plan de traitements. Il se peut également que l'éventualité d'une guérison soit très mince et que vos préoccupations prennent une tout autre forme. **Chaque cas est unique;** toutes les maladies graves n'ont pas le même déroulement, les mêmes conséquences physiques et psychologiques, ni la même durée. Le degré de souffrance mentale ou de douleur physique provoqué par la maladie varie beaucoup d'une personne à l'autre. La diversité des symptômes et des affections requiert des soins et des traitements spécifiques auxquels chaque individu réagit différemment selon de multiples facteurs. De plus, toutes les maladies graves ne se révèlent pas invalidantes, mutilantes ou «marginalisantes». Leurs effets sur la durée et la qualité de vie du malade varient aussi énormément.

Que ce soit sur le plan physique, psychologique, social ou existentiel, chaque type de maladie grave entraîne des répercussions particulières, tant chez le malade que dans son entourage. Les soins et les traitements, l'aide et le soutien offerts sont donc aussi très diversifiés. Il en va de même pour les ressources personnelles, aussi intériorisées soient-elles.

De toute façon, vous vous posez sans doute de nombreuses questions et vous cherchez des moyens pour mieux comprendre la situation et diminuer vos appréhensions. Nous vous proposons dans le présent ouvrage, non pas des réponses absolues ou des recettes miracles car elles n'existent pas, mais des pistes de réflexion et de clarification, des sources d'espoir et de réconfort susceptibles de vous aider à surmonter l'épreuve.

CHAPITRE 2

Le contexte individuel et familial

En état de crise, chacun adopte des comportements différents qui ne sont pas seulement dictés par le cours des événements. En plus de la nature et de la sévérité de la maladie, d'autres facteurs influent sur les réactions et les conséquences qui en découlent. Ces facteurs ne sont pas inhérents au diagnostic, mais ils sont plutôt rattachés à la personnalité du malade. Considérons les plus importants.

La situation socio-affective

L'annonce d'un diagnostic sévère ébranle non seulement l'être en cause, mais aussi le système social, familial, affectif et économique dans lequel il évolue. Les conséquences de la maladie peuvent influer de plusieurs façons sur tous ces plans et, forcément, les proches en subissent les contrecoups.

L'équilibre de la cellule familiale se fonde sur l'âge et la place des individus qui la composent, sur les rapports de force, d'autorité et d'interdépendance qui s'exercent entre eux, ainsi que sur la nature de leurs liens affectifs. Le bon équilibre et le fonctionnement harmonieux de tout le groupe sont relatifs et variables selon les attentes, les attitudes, les comportements, les expériences, les valeurs de chacun de ses membres. Si l'un d'eux est atteint dans son équilibre et son intégrité, les autres en subissent inévitablement les répercussions. De toute évidence, ces réactions se manifestent différemment chez le jeune enfant, l'adolescent ou le conjoint, en fonction de l'âge, des rapports affectifs et de dépendance avec le malade et des conséquences qui découlent de l'état de celui-ci. Qu'elles soient de nature affective ou non, ces conséquences risquent de perturber les relations parentale et conjugale, la situation financière et sociale et bien d'autres choses.

De plus, il est important de comprendre que chaque famille évolue conformément à des cycles de vie et à des changements de statut: ses membres vieillissent et se transforment, d'autres s'y greffent au moment où certains s'en éloignent pour diverses raisons. Forcément, les rapports se transforment, les rôles et les liens affectifs se modifient. Au cours de cette évolution continue, le même événement est perçu et ressenti différemment par chacun, aussi bien dans le temps que dans l'espace affectif ou social. À cet égard, il est évident qu'une maladie grave n'a pas les mêmes conséquences dans une famille jeune et une famille plus âgée, une famille peu nombreuse et isolée et une famille nombreuse et bien unie.

Il faut aussi considérer l'entourage immédiat du malade (ses amis, ses compagnons de loisirs ou de travail, ses employeurs ou employés, etc.) comme une famille élargie avec laquelle il interagit et entretient des rapports amicaux et sociaux signifiants. Cette famille élargie est elle aussi touchée à divers degrés par l'épreuve qui affecte le malade.

De plus, c'est la personnalité de chaque individu qui colore et module ses rôles, ses attitudes, ses rapports affectifs et sociaux. L'annonce du diagnostic qui l'affecte ou qui affecte l'un de ses proches provoque donc, au-delà des rôles et des liens particuliers, des réactions très personnelles. L'information que les membres de la famille reçoivent et le soutien qu'ils s'accordent mutuellement constituent des facteurs qui détermineront leurs réactions et leurs comportements à l'annonce du diagnostic. Nous aborderons plus loin ces points particuliers.

La situation économique

La situation économique peut s'avérer problématique pour un grand nombre de familles aux prises avec une maladie grave. La perte d'un revenu et la façon d'y suppléer, le coût des déplacements entre le centre de traitement et le domicile ou les séjours à l'extérieur, la rémunération d'une gardienne ou d'une aide-ménagère, la location ou l'achat de matériel nécessaire au confort du malade sont autant de charges financières lourdes à assumer. Pour d'autres individus, les préoccupations d'ordre économique prennent un aspect différent: comment respecter les échéances, rembourser les dettes, assurer la stabilité de l'entreprise, maintenir le train de vie ou simplement assurer une subsistance décente aux membres de leur famille dont ils ont la charge.

Réorganiser, planifier et équilibrer un budget, établir des priorités, voire obtenir une aide financière plus ou moins importante sont des facteurs de stress qui peuvent influencer les réactions consécutives à l'annonce du diagnostic.

L'état de santé

La sévérité d'un diagnostic est, bien sûr, un facteur d'anxiété déterminant. Cependant, les conséquences ne dépendent pas uniquement du type de maladie, mais aussi de l'état de santé physique et mental de la personne au moment où elle reçoit le diagnostic. Chez certains individus, la présence d'autres malaises ou pathologies risque d'amoindrir les forces de résistance et la combativité. Ils peuvent se sentir submergés par l'adversité et éprouver de la difficulté à rassembler les forces nécessaires pour combattre sur plusieurs fronts à la fois, ou pour régler tous les problèmes sans entrevoir de solution définitive. Cependant, plusieurs malades devant une telle situation puisent en eux des forces et des ressources insoupçonnées leur permettant de surmonter les difficultés. D'autres n'ayant jamais été exposés à de graves problèmes de santé perçoivent le diagnostic comme un affront, une absurdité et ils sont momentanément envahis par un fort sentiment d'incompréhension ou d'incrédulité. Par ailleurs, l'état de santé mental joue aussi un rôle important dans toutes les situations de crise.

Les apprentissages antérieurs

Dans quelle mesure peut-on tirer un enseignement des épreuves passées? Ou posons la question autrement: le fait d'avoir déjà traversé des moments difficiles peut-il aider à surmonter les obstacles présents? On ne peut répondre à cette question complexe avec désinvolture, car la réaction du malade dépendra du genre, du nombre et de l'importance des épreuves, du contexte dans lequel elles sont apparues et de leurs séquelles physiques et psychologiques. Indépendamment de ces paramètres toutefois, les impressions laissées par les événements malheureux sont aussi fonction des attitudes individuelles; certaines personnes peuvent en retenir des leçons profitables, alors que d'autres n'en gardent qu'une empreinte douloureuse ou nocive. L'usure émotive et physique peut s'avérer plus forte que la volonté, l'optimisme et l'esprit combatif. Néanmoins, dans les moments difficiles, l'intégration des expériences antérieures permet à beaucoup de gens de puiser dans leurs acquis de précieuses ressources. Si les problèmes ne sont pas toujours comparables, le seul fait d'en avoir surmonté d'aussi importants, sinon des pires, peut aider à relativiser les circonstances et à renforcer les moyens d'action.

La combativité

Quoi qu'il leur arrive de pénible dans l'existence, certaines personnes surprennent leur entourage par la force et la rapidité avec lesquelles elles résistent aux épreuves. À circonstances égales, d'autres les subissent avec passivité et résignation et semblent éprouver davantage de difficulté à rassembler leurs forces intérieures. Il s'agit en réalité d'un trait de caractère inné ou acquis. Toutefois, il arrive que des personnalités fortes, habituées à bien maîtriser les événements, se sentent momentanément dépassées par l'ampleur de la crise et sont tout à coup privées de toutes réactions combatives. En revanche, dans les mêmes circonstances, on observe souvent chez des personnalités en apparence plus passives ou vulnérables, une capacité insoupçonnée de faire face aux épreuves et de mettre à profit leurs forces combatives. Là encore, les réactions peuvent dépendre de facteurs purement circonstanciels et l'on ne peut toujours présumer de la manière dont les premières réactions infléchissent le cours des événements; la combativité peut être temporairement anéantie ou, au contraire, resurgir de façon inattendue. Néanmoins, en règle générale et indépendamment des personnalités et des conjonctures, la mise en action des facultés combatives peut jouer un rôle déterminant dans les luttes initiales à engager. Il faut toutefois souligner que la capacité de rebondissement est largement **tributaire du réseau de soutien.**

Tous ces éléments individuels et circonstanciels se conjuguent au moment du diagnostic et dans les jours suivants; leur importance est indéniable et déterminante dans les premières réactions. Il demeure pourtant que la sévérité du diagnostic peut, à elle seule, influer sur la manière dont vous et vos proches assimilez la réalité.

La difficulté d'intégration

Un diagnostic sévère peut entraîner un choc psychologique qui aura pour effet de bloquer toutes les facultés de ressentir, de penser et de comprendre avec rationalité ce qui vient d'arriver. Trop de choses sont soudainement ébranlées, compromises, remises en question et, psychologiquement, il peut être très difficile d'en analyser et d'en accepter toutes les répercussions possibles.

Parfois, le choc entraîne une sorte d'anesthésie mentale et psychologique et, à la limite, la personne peut se sentir tout à fait paralysée par les événements. Il s'agit d'un mécanisme de défense généralement temporaire. Cet effet de saisissement momentané peut, dans certains cas, prendre la forme d'une négation plus ou moins forte et persistante. Pour la majorité des gens qui éprouvent un effet de choc, la négation exprime plusieurs réalités: la souffrance causée par le traumatisme, la difficulté d'assimiler l'information, un répit pour retrouver son équilibre, un besoin de temps pour mesurer les conséquences et envisager les moyens d'action.

Il arrive aussi qu'une personne vivant une situation traumatisante se replie sur elle-même et s'isole de son entourage. Peut-être est-ce le cas pour vous. Peut-être avez-vous l'impression que votre univers a brutalement chaviré, que les doutes vous assaillent de tous côtés et que vous avez besoin de temps pour faire le point et rassembler vos énergies. Vous pouvez aussi ressentir de forts sentiments d'impuissance, d'inutilité, de honte ou de culpabilité: des émotions troublantes et confuses que vous êtes incapable d'exprimer. Le repli sur soi peut aussi traduire une intention de protéger vos proches ou de ne pas les chagriner. Il se pourrait que le désarroi émotif et la difficulté d'intégration vous amènent à pleurer fréquemment ou à vous isoler sans que cela signifie nécessairement que vous vouliez vous couper de votre entourage. Ce genre de repli sur soi peut à l'occasion signifier un appel à l'aide, une demande de soutien difficile à formuler.

CHAPITRE 3

Vos premières batailles

Les premières réactions consécutives à l'annonce du diagnostic peuvent être considérées comme une partie intégrante de la stratégie de lutte. En effet, vous prenez conscience de la menace et vous vous préparez déjà, plus ou moins consciemment, à affronter l'adversité, même si vous ne connaissez pas encore les moyens à utiliser pour y parvenir. Il est tout à fait compréhensible que vous puissiez vous sentir momentanément impuissant et découragé. Cependant, les premières émotions passées et l'esprit plus clair, vous serez mieux en mesure d'assimiler l'information et de la replacer dans de plus justes perspectives ainsi que de mettre en action vos facultés combatives.

Il est réconfortant de se rappeler que, quelle que soit l'épreuve, la bataille peut souvent être gagnée. Mais comment commencer la lutte?

Bien que certaines circonstances ne s'y prêtent pas aisément, l'une des façons d'entreprendre la bataille consiste d'abord à ne pas se laisser submerger par les aspects négatifs de la situation, c'est-à-dire ne pas se décourager, essayer de se ressaisir et évaluer les moyens d'action possibles.

Dès le début, il est important de maintenir une bonne communication avec votre médecin. Au besoin, n'hésitez pas à entrer en contact avec lui pour vérifier certaines informations et clarifier les points obscurs de manière à mieux comprendre la maladie. Une meilleure compréhension de la situation peut la rendre moins difficile à surmonter.

Envisager les interventions chirurgicales ou entreprendre les traitements avec confiance et détermination, visualiser les effets positifs, se réjouir des améliorations sont autant de petites ou grandes victoires qui sont encourageantes et réconfortantes. Entrepris à temps, plusieurs interventions ou traitements permettent d'enrayer la maladie ou d'en limiter les effets. Dans les cas plus graves, certaines possibilités demeurent de maintenir un fonctionnement, une autonomie et un confort satisfaisants.

Il faut souligner que la collaboration de vos proches et des personnes-ressources (infirmières, préposés, agents de pastorale, médecins, bénévoles, travailleurs sociaux, psychologues ou autres) peut apporter un soutien important dans le combat en cours.

Par ailleurs, de nombreux malades ont la volonté et le sentiment de livrer la bataille non seulement pour eux-mêmes, mais aussi pour ceux qu'ils aiment (enfants, parents, conjoint ou amis). Donc, ces derniers constituent souvent leur principale source d'énergie et de courage.

En définitive, affirmer votre confiance et votre détermination à lutter, vous engager à participer, vous fixer des objectifs, accepter de procéder par étapes et au jour le jour s'il le faut, demander la collaboration de votre entourage sont autant de moyens de maintenir ou de redevenir en partie maître de la situation et de franchir les premiers obstacles.

En ce qui concerne un grand nombre de malades, lutter signifie ne pas se laisser abattre, aller jusqu'au bout de leurs convictions, garder une certaine maîtrise de la situation et avoir la satisfaction d'accomplir tout ce qui est en leur pouvoir. Ces sentiments sont sans doute étroitement liés à tout ce qui donne un sens à leur vie. Mais, l'annonce d'un diagnostic ne provoque pas les mêmes réactions ni le même type de combat chez tous les individus, chacun se bat à sa façon. Certains se sentent incapables de se lancer dans une bataille qu'ils perçoivent comme une forme de performance ou d'acharnement, ou ils ne sont tout simplement pas prêts à y faire face, surtout pas à n'importe quel prix.

Par ailleurs, le refus de la souffrance est répandu dans notre société. Or, de par leur culture ou leurs croyances, certains individus n'endossent pas forcément ce point de vue. Bien qu'ils ne soient pas à proprement parler stoïques ou fatalistes, ils ne croient pas que la vie devrait être exempte de souffrance ou ils considèrent la maladie et les épreuves comme des expériences de vie ou des occasions de croissance morale ou spirituelle. Certains d'entre eux peuvent même accorder un sens particulier à la souffrance en la percevant comme une expiation salvatrice. Pour toutes ces personnes, le refus d'un traitement ne constitue donc pas une lâcheté ou une soumission, mais plutôt une forme de courage et d'endurance qui donne un sens à leur épreuve.

Dans un autre ordre d'idées, les choix du malade peuvent être dictés ou fortement orientés selon ses proches. La perception de ces derniers, leurs convictions, leurs limites et peut-être même un certain degré de négation ou de difficulté à assimiler l'information risquent d'influencer ses décisions quant aux traitements. Toutes les répercussions et tous les désagréments que ceux-ci font subir aux êtres chers entrent souvent en ligne de compte dans les réflexions et les décisions du malade.

Certains patients choisissent des traitements qui leur semblent plus acceptables ou supportables que d'autres, ou encore, pour une raison ou une autre, ils décident de les refuser ou de ne plus s'y soumettre.

Ce qui précède illustre assez bien les tensions et les tiraillements qui peuvent se manifester tant en vous-même que dans votre milieu socio-affectif à l'annonce d'une maladie grave. Aussi, la façon dont le diagnostic est à la fois donné et reçu influence le cours des événements et soulève des questions qu'il importe de considérer dès le début de la maladie.

CHAPITRE 4

Le traitement de la vérité

«Assise dans la salle d'attente et bien qu'impatiente de clarifier la situation avec le médecin, j'appréhendais notre rencontre. Que révélaient les dernières analyses? Quels traitements allait-on me proposer et quelles en étaient les chances de réussite? Le médecin allait-il me dire la vérité et comment allait-il le faire? Quelles seraient mes réactions et celles de mes proches? Ces questions et bien d'autres se bousculaient dans ma tête et j'arrivais difficilement à garder mon calme.»

Est-il souhaitable de connaître toute la vérité sur le diagnostic et le pronostic? Si oui, quand, comment et à quel rythme? Tous les intervenants en cause ont à faire face à ces questions. Pour leur part, les membres de la famille se demandent si le fait d'informer le malade de la gravité de son état ne le privera pas d'espoir et ne lui enlèvera pas toute combativité.

La grande question de la vérité n'est pas simple à résoudre. Elle amène des considérations d'ordre éthique, juridique, médical, psychosocial et pratique qu'il est impossible d'aborder ici de manière exhaustive. Néanmoins, parce que notre but ultime est d'aider le malade et les siens, nous avons cru pertinent de traiter l'essentiel de ces aspects.

Des points de vue éthique et juridique, il est générale-ment reconnu que l'accès du malade à la vérité fait partie de ses droits fondamentaux. Le respect de sa conscience, de sa dignité et de sa liberté exige qu'il sache ce qui lui arrive et ce qui l'attend; dans de telles conditions, il lui sera possible d'assumer sa destinée et de prendre ses décisions en toute connaissance de cause.

Si nous sommes d'accord pour affirmer que l'accès à la vérité est un droit fondamental du malade, nous croyons toutefois que, dans la pratique, il faut procéder à un dosage judicieux et pondéré des modalités de communication de l'information. En résumé, il ne peut s'agir de respecter un droit inaliénable à la lettre ou à l'emporte-pièce, mais plutôt d'en nuancer l'application en prenant en considération chaque cas individuellement.

Dire toute la vérité au malade peut lui fournir l'occa-sion de mettre à profit cette connaissance pour mieux se battre, réévaluer son mode de vie, renouer ou enrichir ses relations ou encore régler certaines affaires d'ordre person-nel ou financier, ou peut-être de repenser ses valeurs morales et spirituelles; donc de vivre une expérience très enrichissante.

En revanche, dévoiler toute la vérité comporte parfois de sérieux inconvénients. Certains proches et intervenants croient que cette révélation crée un choc brutal et antithérapeutique. Ils craignent que le malade connaisse un état de fatalisme ou de dépression qui l'incitera à refuser de se battre. Puis, il arrive quelquefois que le diagnostic et le pronostic ne soient pas fondés sur des certitudes absolues ou que le cours de la maladie évolue de façon inattendue et inexplicable.

Mais, taire la vérité amène aussi des inconvénients. Dans certains cas, cette attitude équivaut à décider pour le malade, ce qui le prive de son droit légitime et l'empêche par le fait même de vivre sa vie en pleine conscience et de prendre ses décisions en toute lucidité. En évitant le sujet du diagnostic, malgré l'incontournable vérité, le malade et ses proches risquent de provoquer une situation instable faite de faux-semblants et de communication brouillée.

De toute façon, n'arrive-t-il pas un moment où le malade perçoit inévitablement la gravité de son état (après tout, c'est de son corps dont il s'agit) ou qu'il ne l'apprenne de façon détournée, malgré tous les ménagements? Ne risque-t-il pas alors de se sentir profondément perturbé ou trahi?

D'une part, on ne peut pas décider du sort d'un être humain comme s'il s'agissait d'un animal ou d'un objet; d'autre part, on ne peut pas soigner un grand malade tout en lui dissimulant la gravité de son état. L'exigence de franchise et de transparence est donc une nécessité fondamentale qui comporte néanmoins des limites.

Du double point de vue éthique et juridique, ceux qui ont la responsabilité de dire la vérité doivent, dans le propre intérêt du malade, évaluer si l'information ne lui est pas plus préjudiciable que bénéfique. Psychologiquement ou physiquement, la personne atteinte n'est peut-être pas prête à recevoir toute la vérité de façon précipitée. Il importe donc d'y aller étape par étape, en s'assurant qu'elle l'assimile à son rythme et sans préjudice grave.

Il peut arriver qu'un patient exprime clairement son refus de connaître la vérité, ce qui fait aussi partie de son libre choix et doit être respecté. Si toutefois il change d'attitude plus tard, la façon et le moment de lui révéler la vérité seront modulés suivant son évolution psychologique et physique. Dans certains cas, un membre de la famille peut s'opposer à ce que la vérité soit dite au patient. En principe, si ce dernier veut connaître le diagnostic, il a préséance sur ses proches et ceux-ci n'ont pas le pouvoir d'exiger le silence. Toujours, la liberté et l'autonomie du malade passent au premier plan. Cependant, en pareil cas, le médecin ou la personne responsable de divulguer la vérité pourra temporiser, consulter les proches et tenter de les convaincre de l'importance de son intervention.

En principe et selon la tradition, c'est au médecin qu'il incombe de dire la vérité à son patient puisqu'il est responsable du diagnostic et du pronostic et qu'un contrat moral le lie à celui-ci. Mais, il peut arriver qu'un autre intervenant ou un membre de la famille soit appelé à le faire, par exemple dans le cas où il doit répondre à une question directe du malade. Pour faire face à ces situations exceptionnelles, il est essentiel d'avoir déjà établi des normes de comportement avec toutes les personnes intéressées afin d'adopter une attitude transparente et cohérente qui permettra de respecter le droit du malade à la vérité et d'éviter tout conflit moral.

En droit strict, le médecin est tenu au secret professionnel et son patient en est le seul maître et dépositaire. Mais dans la pratique, il existe certaines extensions à l'obligation de la confidentialité. Par exemple, dans le quotidien, il est d'usage courant que, avec le consentement du malade, les proches soient informés de la vérité.

Un cas particulier se présente lorsque le patient est en phase de déni, de confusion ou d'inconscience et qu'il est inapte à recevoir la vérité. Alors, la vérité peut être transmise d'abord aux proches.

Par ailleurs, la médecine se pratique de plus en plus en équipe interdisciplinaire; donc plusieurs intervenants partagent l'information avec le consentement exprès ou tacite du malade ou de sa famille.

Il existe de nombreuses situations particulières et délicates. Dans tous les cas, il est recommandé aux personnes en cause d'être prudentes, d'étudier attentivement tous les paramètres de leur intervention et de s'assurer de la légitimité de leurs décisions.

En résumé, le traitement de la vérité ne se fonde pas seulement sur la morale et le droit, mais aussi sur la manière de la révéler. Dès lors, il importe d'appliquer les principes de divulgation de la vérité de façon humanitaire et appropriée en mettant l'accent sur la personne et les phases évolutives de son psychisme, et non exclusivement sur la maladie elle-même. Le patient désire-t-il connaître toute la vérité? Dans quelle mesure est-il prêt à l'entendre? Lui faut-il du temps et de la réflexion pour l'assimiler doucement? Ses besoins de respect, de ménagement et d'empathie ne sont pas moins importants que celui de la transparence. Ses propres luttes seront d'autant plus positives qu'elles seront menées dans un climat d'accompagnement, de soutien et de certaine complicité entre lui, les principaux intervenants et ses proches. Dès le début, il est primordial que ce climat de confiance s'installe entre toutes les personnes en cause, tant du point de vue humain que fonctionnel. Nous traiterons de ces aspects particuliers dans le chapitre suivant.

CHAPITRE 5

Le pronostic

«Lors de ma précédente visite, le médecin m'avait déjà expliqué la nature de ma maladie et les possibilités de traitements. Ensemble, nous avions décidé de ce qui était le plus approprié dans mon cas. Mais, tant de questions restaient sans réponses sur l'évolution de la maladie, les effets des traitements et ce qui m'attendait dans un proche avenir. Heureusement, le médecin n'a ménagé ni temps ni patience pour reprendre des explications et m'encourager. Son attitude m'a beaucoup aidée à admettre la réalité et à poursuivre la lutte.»

La question de la vérité peut survenir à tout moment au cours de la maladie. Votre besoin de savoir et le devoir de franchise du médecin comportent aussi la façon de dévoiler la vérité. Il n'existe peut-être pas de manière idéale de discuter du pronostic, mais certaines lignes directrices fondamentales s'avèrent essentielles soit pour amener le malade à comprendre la vérité, soit pour la lui communiquer.

D'abord, il n'est pas inutile de rappeler brièvement la différence entre diagnostic et pronostic. Le **diagnostic** est le fait d'identifier la maladie d'après les symptômes. Le

pronostic est l'évaluation de l'évolution, de la durée et de l'issue de cette maladie. On comprend d'emblée les difficultés soulevées par ces questions lourdes de sens.

Il peut arriver que le diagnostic et le pronostic soient discutés au cours d'un même entretien. Il est aussi possible que le médecin ait suffisamment d'éléments pour former un pronostic à plus ou moins long terme. Toutefois, cela n'est vrai que dans une certaine mesure. D'une part, qui sait réellement comment le malade va réagir à l'annonce du pronostic et ce qu'il décidera ensuite? qui connaît totalement les effets et la durée des traitements? qui peut vraiment prévoir le déroulement de la maladie ou son dénouement? Le pronostic constitue donc un jugement éclairé basé sur des indices manifestes et des probabilités sérieuses et non pas un verdict absolu. C'est pourquoi il doit être nuancé et ponctué selon les phases évolutives, physiques et psychologiques du malade.

Il n'est pas facile de déterminer le bon dosage, le moment approprié ou la meilleure façon d'aborder la question avec le malade, ni de savoir jusqu'à quel point celui-ci entend et comprend ce qui lui est dit. Tous ces aspects peuvent être discutés au moment du pronostic, avant ou après un traitement, ou beaucoup plus tard lorsque l'évolution de la maladie se précise. Certaines personnes demandent une information complète sur l'évolution et les répercussions possibles de leur maladie dès le début. Néanmoins, ce besoin de savoir ne signifie pas forcément qu'elles soient prêtes à recevoir l'entière vérité. D'autres malades demandent de façon implicite à être tenus au courant plutôt progressivement.

De toute façon, il est erroné de croire que le médecin est toujours en mesure de tout dévoiler ou qu'il détient la vérité absolue. Pour le malade, il est plus raisonnable et réaliste d'aborder la question du pronostic sur une base de confiance mutuelle et selon ses besoins, ses limites et son rythme de compréhension.

Il est tout à fait normal que vous attendiez de votre médecin une attitude humaine, empathique, pleine de tact, de délicatesse et de circonspection et, si possible, que les révélations vous soient faites dans un lieu et des circonstances favorables. Il est donc souhaitable que le médecin dispose du temps suffisant pour s'entretenir avec vous du pronostic en prenant bien en considération la nature réelle de vos questions. En effet, au-delà d'une seule question posée, n'en existe-t-il pas plusieurs sous-jacentes: «Pourquoi ai-je cette maladie? Qui ou quoi en est responsable? Comment aurais-je pu l'éviter? Quelles sont mes chances de guérison? Comment va-t-elle évoluer? À quoi dois-je m'attendre? Vais-je souffrir? Comment allons-nous, ma famille et moi, vivre cette maladie? Quel sera mon pouvoir de décision en cours de route? Respectera-t-on mes choix, mes attitudes et mes périodes de découragement? Allons-nous pouvoir lutter ensemble?» Parmi toutes ces questions et bien d'autres, certaines appellent des réponses claires et directes; d'autres auxquelles le malade ne désire peut-être pas de réponses immédiates et précises; et d'autres encore auxquelles personne ne peut répondre. Peut-être aussi désirez-vous que certains renseignements ne soient divulgués qu'à vous et non à vos proches. Dans l'intense questionnement suscité par le pronostic, les sujets tels que la durée et la qualité de vie reviennent souvent, directement ou indirectement. Qui peut répondre de façon catégorique à ces graves questions?

Si la franchise, la transparence et la clarification sont pour vous des besoins primordiaux, il est tout aussi capital pour le médecin de pouvoir vous transmettre l'information en jugeant votre capacité d'absorption du moment. Il est courant en effet que de l'information reçue soit décodée et intégrée de façon incomplète ou altérée sous l'emprise d'une émotion forte. Il importe alors de la faire passer de nouveau pour faire préciser à la personne ce qu'elle comprend et ce qu'elle rejette; de clarifier certains points obscurs, mal interprétés ou occultés parce que trop difficiles à accepter. Il est donc nécessaire d'adopter un rythme progressif, adapté à chaque patient, en procédant à un dosage judicieux et pondéré des questions et réponses, sans aller au-delà de ses demandes.

Du diagnostic au pronostic, en passant par les diverses phases de traitements et d'évolution de la maladie, il est essentiel d'entretenir l'espoir. Cet espoir se présente sous de multiples formes: effets positifs des traitements, rémission de la maladie, maîtrise de la douleur ou encore possibilité de maintenir une autonomie et des rapports valorisants avec vos proches, de remplir des obligations, d'effectuer un ou des voyages, de profiter de loisirs, d'activités ou de prolonger votre maintien à domicile. Finalement, cet espoir peut aussi consister dans le désir de revoir des êtres chers ou tout simplement de vivre la saison, le mois ou les jours qui viennent. De façon mystérieuse, il arrive que cet espoir infléchisse le cours des événements et démente le verdict initial. Quel qu'il soit, c'est aussi cet espoir qui, bien souvent, donne au malade et aux siens la force de poursuivre la lutte, qui procure la satisfaction d'accomplir tout ce qui est possible et qui redonne un second souffle ou une plus grande intensité aux liens affectifs.

Enfin l'accompagnement du malade constitue un autre élément primordial dans la façon d'aborder le pronostic. Comme le savent si bien toutes les personnes en cause, il ne suffit pas de communiquer la vérité et de laisser ensuite le malade dans l'angoisse ou l'isolement. Il s'agit plutôt d'établir dès le départ une collaboration étroite, de maintenir les liens de communication et de disponibilité, d'assurer au patient les soins et les ressources nécessaires, en un mot de maintenir un suivi d'après ses phases évolutives. Cet accompagnement inclut aussi la collaboration et l'engagement des proches, ainsi que la mise en œuvre de diverses formes de soutien. Nous examinerons ces thèmes plus en détail aux chapitres 7 à 10.

CHAPITRE 6

La souffrance globale

L'expression «souffrance globale» tire son origine des travaux des docteurs Ciceley Saunders et Elizabeth Kübler-Ross. Malgré les divers usages et adaptations dont elle fait l'objet, cette locution exprime brièvement les divers aspects d'une réalité qui forment un tout: la souffrance d'un grand malade n'est pas seulement physique (on parle alors plutôt de douleur), mais aussi psychologique et mentale, émotionnelle et spirituelle, affective et sociale. Autrement dit, la souffrance touche la chair, le cœur et l'esprit. Par conséquent, elle déborde de l'individu et affecte à divers degrés son entourage immédiat. Si ce phénomène est aujourd'hui une évidence pour tous, il n'en a pas toujours été ainsi. Voyons comment cette souffrance globale peut se manifester chez le malade et les siens. Il faut toutefois souligner qu'elle est modulée conformément aux maladies et aux êtres.

Le malade

Il peut tout d'abord se produire un effet de choc et une difficulté à composer avec la réalité. Peut-être ressentez-vous l'annonce du pronostic comme une tempête soudaine. «Ce n'est pas vrai, je ne peux pas y croire. C'est injuste, pourquoi ça m'arrive à moi? Qu'ai-je fait pour mériter cette épreuve? Comment vais-je dominer la situation? Que va-t-il advenir de ma vie?» Ce genre d'exclamations, souvent intériorisées, traduisent bien la colère, l'incompréhension, la difficulté d'absorber et d'intégrer l'information ainsi que l'anxiété occasionnée par la menace. Cette anxiété naît de la crainte diffuse du danger, du sentiment d'impuissance face à ce danger et de la peur de ne plus dominer votre destinée. Une maladie grave n'atteint pas uniquement le corps, elle affecte aussi l'être dans ses forces vives et son histoire personnelle. Ce n'est pas seulement la stabilité du présent qui est ébranlée, mais aussi les assises du passé et les perspectives d'avenir, d'où un sentiment de stupeur, d'impuissance et de désarroi. Dans de telles conditions, il est compréhensible que vous ayez besoin de temps et d'éclaircissements pour assimiler l'information. Et puis, la douleur physique, outre ses effets sensoriels, peut à elle seule occuper tout le champ de la conscience au point de produire de l'anxiété. Ce phénomène s'applique surtout aux douleurs aiguës ou chroniques, lesquelles finissent par être anticipées, attendues avec une appréhension grandissante: «Quand cela va-t-il cesser? Est-ce que ça va empirer? C'est insupportable.» Les types et les degrés d'intensité de la douleur sont multiples et le seuil de tolérance varie beaucoup d'une personne à l'autre. Toutefois, à moins d'être contrée par une action analgésique efficace, une douleur importante et persistante peut être perçue comme une réalité omniprésente au point d'affecter le sens et la qualité du quotidien. Cependant, il faut ajouter que plusieurs malades ressentent peu ou pas de douleurs physiques.

Les traitements contribuent aussi de bien des façons à la souffrance globale. Des plus simples aux plus complexes, qu'ils soient douloureux ou non physiquement, tous les traitements entraînent leur lot de frustrations et de désagréments, voire d'anxiété. Les déplacements et les contraintes qu'ils infligent, les attentes mêlées d'inquiétude qu'ils suscitent, les effets secondaires qu'ils provoquent à l'occasion, leur fréquence et leur durée concourent à mettre la patience et l'endurance du malade à rude épreuve. Certains traitements ne sont perçus que comme une contrainte agaçante et fastidieuse, mais d'autres sont plus pénibles. On comprend qu'en cas de traitements draconiens un malade en proie à la fatigue et au découragement en ressente davantage les inconvénients que les bénéfices et qu'il soit parfois tenté de les abandonner.

Un autre aspect de la souffrance du malade réside parfois dans la perte d'intégrité physique ou d'autonomie. Que ces préjudices soient peu ou très importants, ils affectent à divers degrés l'image de soi, et ils risquent de créer un sentiment d'autodépréciation plus ou moins douloureux. Personne ne trouve agréable de se sentir diminué ou dépendant. Certains malades supportent assez facilement ces handicaps, mais d'autres n'arrivent pas à les dominer et ils souffrent en leur for intérieur. En pareilles situations, la confiance, l'encouragement et l'estime des proches aident le patient à surmonter ses difficultés. Il est réconfortant de constater que, malgré les dommages infligés par la maladie, les êtres chers continuent de nous voir avec les yeux du cœur.

La souffrance du malade se manifeste aussi dans ses relations affectives et sociales. Lorsqu'une personne est malade, la mère ou le père, la sœur ou le frère, le conjoint, l'employeur, le soutien de famille, l'ami ou le voisin souffre aussi. En fait, tous les rapports avec le milieu avec lequel le malade interagit sont d'une façon ou d'une autre plus ou moins perturbés, quant au rôle, au statut, à la fonction, à l'image corporelle, à l'affectivité. C'est donc tout le système interactif qui subit les effets des changements physiques et comportementaux imposés par la maladie. De plus, au-delà des perturbations affectives et fonctionnelles, c'est aussi l'entière trajectoire de vie qui est remise en question: tout le réseau socio-affectif dans lequel s'est constituée la personnalité du malade se trouve menacé à la fois dans ce qu'il est devenu et ce qu'il croyait devenir. Tout au long de l'existence, le rapport avec le temps s'impose souvent de façon douloureuse.

La souffrance est bien sûr mentale, mais aussi spirituelle. Les phénomènes physiques, affectifs et sociaux sont indissociables des valeurs humaines, philosophiques, morales, spirituelles; en fait, de tout ce qui constitue la conscience humaine. Et ces valeurs ne peuvent échapper totalement, ne serait-ce qu'inconsciemment, au bouleversement causé par la maladie. Si le corps est un microcosme, une image réduite de l'univers, toute la vision que l'on porte sur le monde est induite par ses perceptions et ses sensations. Par conséquent, la vision du monde et de l'existence est remise en question en période de crise ou de déséquilibre. Sur ce plan, on peut qualifier la souffrance de franchement existentielle.

Les proches du malade

La souffrance est aussi globale en ce sens qu'elle affecte l'entourage du malade de multiples façons. En effet, non seulement les parents du malade mais aussi ses amis, ses relations sociales étroites et toutes les personnes qui lui sont profondément attachées forment ce que l'on peut appeler une famille élargie. En tant que membres significatifs et actifs du réseau socio-affectif du malade, les proches sont souvent considérés à titres divers comme des interlocuteurs valables en milieu d'intervention. Cette approche systémique se fonde sur la reconnaissance des liens interactifs entre l'individu et son milieu.

Certes, vos proches n'éprouvent pas les douleurs que vous ressentez et ne partagent pas forcément toutes vos préoccupations. Ils n'en sont pas moins sensibles aux bouleversements provoqués par la maladie et profondément touchés par ses conséquences sur l'être cher que vous représentez pour eux. Ils ressentent le malaise et l'anxiété soulevés par la menace; ils sont aux prises avec certains soucis et frustrations inhérents aux traitements; ils connaissent les sentiments d'impuissance et de perte de contrôle; ils voient leur trajectoire de vie bouleversée. En un mot, ils souffrent eux aussi et peuvent éprouver des difficultés à affronter la situation.

Comment soulager cette souffrance globale? Dans les prochains chapitres, nous aborderons les diverses formes d'aide et de soutien qui s'offrent à vous et à vos proches.

CHAPITRE 7

Le soutien de la part des soignants

Le fait de reconnaître la souffrance globale et d'en cerner les composantes spécifiques constitue une première forme de soutien de la part du médecin: vous éprouvez déjà un certain soulagement de savoir que votre situation est prise au sérieux et que l'on prend soin de vous. Il en résulte que l'anxiété consécutive à la déstabilisation peut être considérablement réduite.

Les traitements proposés représentent aussi une forme de soutien puisqu'ils permettent d'entrevoir des solutions aux problèmes. En elle-même, la planification des traitements ajoute une dimension particulière à votre réconfort sur plusieurs plans. Tout d'abord, les dispositions envisagées présupposent une action spécialisée et structurée, et un tel encadrement peut se révéler à lui seul rassurant. Ensuite, dans la mesure où le plan de traitement est personnalisé, vous aurez le sentiment que votre individualité est reconnue et respectée. De plus, pour vous, la planification représente une poursuite, un échelonnement dans le temps, une progression vers un but; cette continuité amoindrit votre sentiment d'impuissance et vous situe dans une trajectoire centrée sur la durée et le raccordement plutôt que sur l'impression d'arrêt et de coupure.

Il peut être capital pour vous de sentir que vous êtes engagé dans un plan de traitement et que vous y participez. Si les soignants comptent sur votre coopération, il est naturel en retour que vous désiriez être renseigné sur ce qui vous attend, que vous soyez au courant des réactions normales suscitées par les traitements ainsi que des effets secondaires qu'ils risquent de produire. Ce peut être une façon de trouver dans les réponses que l'on vous donne un apaisement à vos appréhensions. Du reste, il faut souligner que les réactions aux traitements ne comportent pas seulement des effets déplaisants, mais aussi (c'est le but recherché) des effets bénéfiques. De ce point de vue, il est pour vous réconfortant d'anticiper les progressions et de recevoir des encouragements. De toute manière, votre besoin d'être mis au fait est étroitement lié à celui d'être respecté dans votre individualité et vos choix. Il n'est donc pas exagéré de considérer les explications et les clarifications comme une forme de soutien, à plus forte raison lorsque l'information est adéquate et personnalisée.

Le traitement des symptômes, reliés ou non à la maladie, constitue aussi une importante forme de soutien, tant sur le plan de la douleur et du confort que sur celui de la qualité de vie.

Toutefois, prendre soin d'une personne ne consiste pas seulement à agir sur le plan médical et technique, mais aussi à se préoccuper de son bien-être moral. À cet égard, le rôle des soignants comporte une dimension psychologique importante: essayer de comprendre le malade dans sa réalité socio-affective, évaluer ses souffrances, cerner ses appréhensions, tenir compte de ses sentiments. Cette approche globale fait appel à la capacité d'écoute, d'empathie et de compréhension. Le climat de confiance et de complicité qui en résulte contribue fortement au soutien physique et moral du patient.

Les aspects particuliers que nous venons d'aborder ne prennent tout leur sens que dans une action cohérente et concertée, ce qui suppose que les différents intervenants mettent en place des mécanismes de liaison sans perdre de vue le rôle prépondérant du malade. Le soutien que celui-ci peut recevoir des soignants est d'autant plus efficace qu'il s'exerce dans un esprit d'accompagnement suivi et adapté à sa personnalité propre.

CHAPITRE 8

Le soutien venant de votre entourage

Nous avons vu précédemment comment la maladie risque d'affecter la famille entière parce qu'elle déstabilise les rapports affectifs et fonctionnels et, sur un autre plan, draine beaucoup d'énergies émotives et physiques de ses membres. Le seul fait d'être, bien malgré vous, la cause de perturbations graves dans tout votre entourage peut susciter en vous un malaise profond. Cependant, il est naturel que vous cherchiez aide et réconfort dans votre milieu familial, auprès des êtres chers qui partagent vos états d'âme habituels. Et ces personnes que vous connaissez et qui vous connaissent bien ne sont-elles pas au fond les plus aptes à vous apporter le soutien nécessaire? Mais il se peut que cette pénible situation provoque chez vous et dans votre entourage immédiat des sentiments de désarroi, de culpabilité, d'anxiété, d'isolement ou d'incompréhension. Toutes ces émotions mal comprises risquent de brouiller la communication et de nuire au soutien réciproque: l'une des conséquences les plus regrettables d'une crise importante est précisément de rendre plus difficile la découverte des solutions aux problèmes qu'elle soulève. Toutefois, il existe quelques moyens d'aplanir les difficultés. Ainsi, l'anxiété créée par la situation peut être amoindrie en abordant la question ouvertement, ce qui nécessite, bien sûr, de **reconnaître la situation,** car il est impossible de surmonter un problème sans en connaître la nature et les conséquences. Certes, la réalité est parfois très difficile, voire impossible à accepter. Cette négation peut donner lieu à diverses réactions, entre autres la tristesse, le repli sur soi, un état dépressif ou encore la colère; il faut néanmoins souligner que la nature et l'intensité de ces réactions face aux événements sont très individuelles et diversifiées. Si ces sentiments ou comportements se manifestent chez vous ou dans votre entourage, il serait souhaitable de les aborder ouvertement dans un climat de confiance et de compréhension mutuelles. Le seul fait de partager ses interrogations et ses angoisses permet de les conjurer en partie, prévient l'isolement et procure le bienfaisant sentiment d'être compris et de se savoir soutenu. De plus, parler ouvertement de la situation et des sentiments qu'elle suscite permet de mieux entrevoir les solutions possibles et de dégager des moyens d'action. «Puisque cette situation est irrémédiable, comment pouvons-nous en infléchir le déroulement? Puisque tu es malade, de quelle façon pouvons-nous tous nous aider? Ensemble, nous parviendrons peut-être à rendre la situation plus supportable.» Ensemble! Pour le malade, ce mot exprime tant de choses: ne pas se sentir seul ou rejeté, pouvoir confier ses craintes et échanger ses espoirs, compter sur l'appui de son entourage, renforcer les liens affectifs, apaiser les incertitudes et accepter les vulnérabilités, mettre les forces en commun, partager la tristesse, le doute ou le découragement, mais aussi l'espoir et les victoires. Dans les moments difficiles, **agir ensemble** procure un indéniable réconfort mutuel.

L'un des traits dominants du soutien de l'entourage est qu'il s'exerce dans le milieu familial, quotidien du malade et qu'il est ainsi modulé conformément à des relations étroites liant les personnes en cause, ce qui lui confère une valeur particulière. Même s'il comporte parfois des soins exigeants, pouvant être mieux maîtrisés grâce aux directives ou conseils des professionnels, ce type de soutien se traduit souvent dans les petits gestes empreints d'affection et dans le désir d'aider plutôt que par les connaissances des soignants ou la recherche de solutions à tout prix. Ces gestes de solidarité spontanée, intime et personnalisée sont d'autant plus appréciés par le malade qu'ils ne lui sont pas imposés mais offerts à sa demande. L'**écoute** et la **présence** ne sont-elles pas avant tout la reconnaissance et le respect des besoins et du rythme du malade? L'accompagnement est souvent facilité et plus efficace du simple fait que les attentes de chacun sont réalistes et replacées dans le cours normal des événements. Il est important de se rappeler que le malade n'attend pas de ses proches des comportements parfaits ou surhumains, mais plutôt qu'ils continuent d'être eux-mêmes. Ainsi, il n'est pas nécessaire d'aller au-delà de ses demandes, ce qui risque, d'une part, de le surprotéger, voire de l'infantiliser et, d'autre part, d'augmenter l'anxiété et la fatigue physique et émotive des proches. La plupart des malades apprécient plus que tout le fait de garder une part d'autonomie et une certaine maîtrise de leur destinée. Quelles que soient ses afflictions et ses vulnérabilités, le respect de son intégrité lui est certainement d'un grand secours. Au fond, n'est-il pas le seul à savoir vraiment ce qu'il ressent et ce dont il a besoin? En ce sens, il est le **meilleur guide,** car il peut dire à ses proches ce qui lui est nécessaire, s'il en est capable bien sûr. Si tel n'est pas le cas, pour des raisons physiques ou psychologiques, c'est bien souvent la nature des liens entre le malade et ses proches qui aide ces derniers à pressentir ou à savoir ce qui lui convient le mieux, sans qu'il ait à l'exprimer. Ainsi, l'effet d'entraînement mentionné plus haut à propos de la déstabilisation de la famille a aussi ses contreparties positives: quelle que soit la situation, la personnalité et l'état du malade peuvent, dans une large mesure et de bien des façons, guider ses proches et leur indiquer comment lui venir en aide. Il en résulte donc une diminution de leurs propres sentiments d'impuissance et de désarroi.

De diverses façons, nous avons souligné comment, en ce qui concerne le malade et les siens, le fait d'admettre la triste réalité peut faciliter le travail de soutien, même si cette prise de conscience comporte précisément des éléments de négation ou, autrement dit, même si la négation peut malgré tout faire partie intégrante du drame vécu par le malade et son entourage. En pareilles situations, il est évident que la communication ouverte ne parvient à s'instaurer qu'à force de patience et de persévérance et, parfois, elle ne s'instaurera jamais. Considérons trois types de situations comprenant cette difficulté.

La négation du malade

Il arrive que le patient se comporte comme si la maladie et ses conséquences n'existaient pas, rendant ainsi les traitements et le soutien difficiles, compliqués ou inopérants. Dans ce cas, il est primordial, soit pour les proches ou les intervenants professionnels, de vérifier ce que représente véritablement cette réaction. Le choc du bouleversement, la crainte de l'inconnu, les appréhensions face aux traitements ainsi que la peur de souffrir et de faire souffrir les siens peuvent amener le patient à afficher une négation apparente de la maladie qui n'est peut-être au fond qu'une manifestation de sa difficulté d'absorber le choc et un moyen d'apprivoiser progressivement la situation. Cette difficulté d'intégrer la réalité place le malade dans une zone grise où ses balises émotionnelles et rationnelles oscillent, s'entrechoquent ou se neutralisent. Peuvent alors alterner et se chevaucher la crainte de ne plus se dominer, l'impuissance et le découragement, les bouffées d'espoir et de combativité. Il n'est pas inhabituel que ce tiraillement intérieur engendre une forme de marchandage, une sorte de négociation secrète ou exprimée entre lui et le destin. Ce marchandage n'est-il pas au fond un moyen que se donne le malade pour redevenir en quelque sorte maître de son existence? Extérieurement, ce marchandage avec la vie prend souvent la forme d'une négation.

Par ailleurs, certains êtres se sentent intérieurement très menacés par l'émotivité soulevée en période de crise; pour ces personnes en particulier, une douleur physique peut s'avérer plus supportable qu'une souffrance morale. Dès lors, il n'est pas surprenant que par crainte de leurs émotions elles pratiquent une forme de camouflage proche de la négation. Soulignons cependant que certains individus expriment peu leurs émotions sans toutefois les fuir. Seules une grande pudeur ou une réserve naturelle exagérée les incitent plutôt à intérioriser leurs états d'âme, ce qui peut faire croire à leur entourage qu'ils sont peu touchés par la situation ou qu'ils la nient.

On peut aussi voir se produire toutes les apparences de refus lorsque le malade éprouve l'impérieux besoin de ménager les siens. Bien que ce désir puisse être reconnu et loué par les proches, il serait souhaitable que ces derniers parviennent à lui faire comprendre doucement qu'ils sont bien au fait de la situation (si tel est le cas naturellement) et qu'ils lui fassent valoir les avantages d'une communication transparente et cohérente.

Mais, qu'arrive-t-il si le malade nie carrément la gravité de son état? Il est alors primordial de vérifier, si possible, la nature et l'intensité de cette négation auprès d'un intervenant spécialisé, afin d'éviter l'imbroglio émotionnel et fonctionnel. Parfois, la situation peut être modifiée par certaines explications claires et franches. Parfois, la négation persiste depuis le pronostic en dépit des explications dosées et réitérées. Dans certains cas où la négation est jugée plus bénéfique que néfaste au malade, il vaut mieux ne pas tenter de s'y opposer. Cela étant, en accord avec les professionnels, clairement admis par l'entourage, bien des ambiguïtés peuvent se dissiper. Quoiqu'il soit difficile de se comporter avec justesse dans des rapports établis sur le faux-semblant, il est encore possible d'offrir au malade un soutien approprié sans renforcer son déni des faits. Essentiellement, le meilleur accompagnement que l'on puisse offrir au malade en négation profonde consiste à lui prodiguer les soins dont il a besoin, à respecter son état psychologique, à lui démontrer que l'on est toujours disponible quoi qu'il arrive et à maintenir les liens privilégiés entre lui et son entourage. Dans ce genre de situation en particulier, le recours aux services de divers intervenants professionnels peut aider à clarifier et à conforter les attitudes des proches de façon qu'ils puissent à leur tour aider le malade.

La négation de l'entourage

Un autre cas problématique se présente lorsque le malade évalue exactement sa situation, mais que son entourage refuse de l'admettre ou d'en parler ouvertement. Il n'est pas facile pour les intervenants professionnels de cerner la nature et les motifs de cette négation, d'autant plus qu'ils ne peuvent pas toujours, pour des raisons diverses, rejoindre les proches ou leur apporter les clarifications nécessaires.

Il ne s'agit pas toujours d'une négation franche, mais plutôt, bien souvent, d'un désir manifeste de ménager le malade, de ne pas le démoraliser. La croyance sous-jacente à ce comportement est que «ce que l'on ignore ne fait pas mal» et qu'il est cruel, inhumain de dire à une personne qu'elle est gravement malade ou qu'elle va mourir, que, si elle l'apprend, elle va se laisser aller au désespoir. Or, depuis longtemps, les faits ont démontré que la grande majorité des gens informés de la gravité de leur maladie ne souffrent pas forcément de dépression majeure et que, le cas échéant, cette dépression n'est pas obligatoirement irréversible. Il faut rappeler ici que, d'une part, le respect de l'intégrité de la personne sous-entend l'obligation de la franchise, et ceci, pour les raisons invoquées précédemment, et que, d'autre part, on ne peut pas considérer le malade comme seul, isolé de son milieu familial, parce que la maladie en fait le pôle central d'un réseau interactif. Par conséquent, si certains membres de ce réseau affichent des comportements de négation, qu'il s'agisse d'une incapacité foncière à admettre la réalité de la maladie ou d'une dissimulation bien intentionnée dans le but de ménager le patient, certains effets regrettables risquent de s'ensuivre sur plusieurs plans. Tout d'abord, il est fort probable que le malade se sente incompris, rejeté, non respecté dans son état psychologique et même trompé ou trahi. Il est utile de le répéter: cette attitude équivaut à un rejet de la réalité; c'est comme si l'on refusait à la personne «le droit d'être malade» et qu'on ne tenait pas compte de son état et de ses besoins.

Le complot de la dissimulation formé par l'entourage (une véritable conspiration du silence parfois), les doubles messages et les renseignements contradictoires, les comportements affectés ou incontrôlés, les commentaires incongrus ou les fausses notes d'espoir représentent autant de risques de brouiller la communication, au point de créer un climat de doute et de confusion. Outre le sentiment d'isolement qui en résulte, le malade peut ressentir de la culpabilité, voire de la honte d'être responsable de la situation tout en étant dans l'impossibilité d'y remédier. Il s'ensuit que son anxiété, loin d'être apaisée par la bonne intention de l'épargner, peut être accrue.

De plus, dans un climat de confusion et de communication brouillée, l'application de la thérapie et des soins se complique à divers niveaux: il y a risque d'incohérence et d'incoordination. Le malade risque d'entretenir des doutes sur la pertinence des gestes posés, de ne plus savoir qui

croire et en qui placer sa confiance. Quant aux soignants,
ils peuvent se sentir contraints d'user de ruse ou de sub-
terfuges ou encore de se voir privés de la coopération et de
la confiance du malade. Dans un tel climat, l'humanisation
des soins tant souhaitée et souvent si simple à établir dans
la pratique est compromise.

Par ailleurs, les proches ne sont pas toujours tous
d'accord avec cette «négation». Certains membres de
l'entourage considèrent la réalité avec lucidité, tandis que
d'autres la nient. Cette situation suscite souvent des diver-
gences d'opinions et de comportements dans le groupe.
Ces tiraillements ne font qu'accentuer les tensions, et finalement le malade les perçoit sous forme de confusion, d'anxiété,
de doute et par-dessus tout de soutien inopérant ou frag-
menté.

La négation du malade et des proches

Enfin, il se présente exceptionnellement un troisième
type de situation où le malade et les siens établissent entre
eux un consensus plus ou moins tacite fondé sur la négation. Dans ce cas, il est difficile de concevoir que le soutien puisse être autre chose qu'un respect réciproque du
non-dit, du non-reconnu. Autrement dit, les proches et le
malade se soutiennent mutuellement en niant la situation
ou en s'abstenant de l'aborder franchement. Bien que ce
genre de situation risque de compliquer les soins et
d'entretenir un climat hermétique et tendu, il semble que
le malade et les siens en retirent certains avantages immé-
diats, qu'ils se surprotègent en évitant de faire face à la
réalité. Cependant, particulièrement en cas de longue maladie, la négation consciente ou inconsciente peut s'avérer
difficile à maintenir. Il est en effet très exigeant sur le plan
psychologique de fonctionner avec cohérence sur des
bases de contradictions ou de refus de la réalité. Il s'agit
d'une exigence souvent imposée par soi-même qui peut, à

cause de la fatigue et de l'usure émotive, devenir tôt ou tard très difficile à satisfaire. Il arrive qu'en cas de complications ou d'issue fatale, les regrets et les reproches, les doutes persistants, les paroles et les gestes qui restent à tout jamais inexprimés constituent un lourd fardeau à assumer.

Outre les relations de franchise et de transparence avec le malade, l'écoute, le respect de ses besoins et le réconfort moral, l'**aide physique et matérielle** constitue aussi une part importante du soutien offert par les proches. S'il en manifeste le besoin, accompagner le malade dans ses déplacements, le libérer de tâches domestiques, préparer les repas, faciliter ses soins corporels, effectuer à sa place certaines démarches ou encore le seconder dans son intendance ou prendre en charge toute autre tâche quotidienne sont autant de marques concrètes de soutien qui concourent à diminuer son anxiété et son sentiment d'isolement. Dans tous les domaines, chacun des membres de la famille peut apporter sa contribution à la mesure de ses aptitudes ou inclinations.

Le soutien des proches est tributaire de l'appui qu'ils reçoivent eux-mêmes de l'extérieur, y compris l'aide spécialisée, et finalement c'est le patient qui bénéficie de ces interventions. On peut ainsi considérer le soutien de l'entourage comme un **accompagnement pluraliste** dans lequel les gestes s'ajoutent les uns aux autres et se complètent. Non seulement cette chaîne procure au malade un soutien diversifié et personnalisé à la mesure de ses besoins, mais elle permet aussi aux proches de s'accorder un soutien mutuel, qui se répercute positivement sur le malade. Le soutien de l'entourage prend toute sa valeur et gagne en efficacité dans l'**individualisation** et dans le **respect des phases évolutives du malade.** Le réconfort qu'il en retire est sans doute apprécié au plus au point surtout parce qu'il découle des gestes et attitudes des siens, malgré leurs limites ou maladresses.

De nombreuses difficultés s'aplanissent lorsque l'accompagnement s'exerce dans un **climat de clarté et de franchise,** c'est-à-dire de compréhension mutuelle. Dans ce contexte, le malade est en mesure de s'appuyer sur des explications et informations sûres, de se sentir libre de communiquer ses sentiments, de partager ses doutes et ses espoirs, de formuler des réponses à ses interrogations. En retour, ses proches seront capables de s'adapter à son rythme, de satisfaire ses besoins, de comprendre ses sentiments, de respecter ses limites et ses espérances. Ce climat de sérénité procure un grand réconfort pour le malade et ses proches.

CHAPITRE 9

Le soutien spécialisé

Parmi toutes les sortes d'aide offertes, plusieurs relèvent de disciplines spécialisées, professionnelles ou non.

Les interventions thérapeutiques et le soulagement de la douleur sont les premières formes de soutien qu'une personne souffrante attend du corps médical. S'y ajoute une gamme étendue de traitements, de soins ou d'interventions spécifiques et complémentaires qui visent à renforcer l'action thérapeutique, à soulager les souffrances, à maintenir une autonomie maximale et à réduire l'anxiété. Certains de ces actes spécialisés ont une importance primordiale ou relative selon le type de maladie et ses effets sur l'organisme. Pratiqués isolément ou combinés, ils constituent néanmoins des apports importants dans le maintien maximal de l'état physique et psychologique ou le rétablissement du malade.

Les **traitements curatifs** se trouvent bien sûr en première ligne, car ils sont étroitement associés aux **traitements des symptômes**.

La qualité des **soins infirmiers** est essentielle à la réalisation des objectifs suivants: entre autres, l'observation vigilante de l'état du malade, l'évaluation des symptômes, l'administration adéquate des médicaments; autant de moyens qui permettent d'atteindre la pleine efficacité des traitements. Les **soins de confort** s'inscrivent également dans les plans de traitement et comportent de nombreux gestes relatifs à l'**hygiène** et au **bien-être physique et moral** du patient (toilette, soulagement des irritations et prévention des plaies de pression, alimentation et hydratation, mobilisation, propreté de la literie, recherche de positions confortables, etc.). Les soins de confort sont aussi largement tributaires de l'écoute, de la chaleur humaine ainsi que d'un environnement agréable. Certains massages légers appliqués judicieusement peuvent aussi contribuer à la détente et aux effets bienfaisants des analgésiques. L'**hygiène corporelle** et les **soins esthétiques** (shampooing, coiffure, rasage, épilation, soin des ongles, etc.) ainsi que la tenue vestimentaire (vêtements propres et seyants, robe de nuit ou pyjama confortable) aident à préserver l'image de soi et par le fait même à maintenir une certaine estime de sa personne; des facteurs importants de soutien physique, psychologique et social.

Certaines maladies occasionnent des troubles organiques, fonctionnels ou réactionnels. En pareils cas, l'**apport psychiatrique** peut s'avérer capital sur plusieurs plans: meilleure compréhension de l'état physique et psychologique du malade, traitement de la dépression, s'il y a lieu, recherche d'une analgésie plus efficace, soutien psychologique ou, au besoin, psychothérapeutique et liaison continuelle entre le patient, ses proches et les soignants.

Parfois, certains adjuvants spécialisés permettent d'atteindre les objectifs visés. En voici quelques-uns. La **physiothérapie,** qui, par les exercices physiques, les bains et diverses formes de massages, maintient ou accroît la mobilité et l'autonomie physique, aide à la réadaptation et à la diminution des malaises ou douleurs. L'**ergothérapie** est surtout employée pour la rééducation et la réinsertion sociale, elle utilise la pratique d'activités physiques et manuelles. La **diététique** est aussi importante pour assurer les besoins énergétiques et métaboliques du malade par une alimentation équilibrée et appétissante.

Certaines de ces interventions nécessitent des visites au cabinet du médecin ou au centre hospitalier, ou encore aux cliniques ou au CLSC, mais elles peuvent aussi s'effectuer à domicile par des personnes ou des équipes spécialisées.

D'autre part, les **services sociaux,** des organismes généralement chargés des questions sociales (famille, enfance, santé, etc.) offrent aussi des services et collaborent avec différents professionnels des milieux de la santé, social et communautaire. Selon les secteurs, les infrastructures et les besoins, les travailleurs sociaux qui leur sont attachés peuvent offrir diverses formes d'aide aux malades et à leurs familles qui éprouvent des difficultés d'ordre affectif, psychologique ou social, tout en tenant compte des facteurs individuels et circonstanciels.

À divers stades de la maladie, l'**aide psychologique** spécialisée peut sur plusieurs plans se montrer précieuse pour le malade et ses proches: éclaircissement de la situation, perception, acceptation de la réalité, accompagnement et soutien dans la réflexion, adaptation des comportements, renforcement des motivations, exploration des ressources intérieures, voire, au besoin, une démarche spécifiquement psychothérapeutique.

Quant à elle, la **pastorale** offre un soutien moral fondé sur les valeurs humaines et spirituelles, la foi, l'écoute et l'empathie. Dans les graves crises existentielles, nombreux sont les individus, profondément croyants ou non, qui se préoccupent des questions philosophiques ou religieuses et qui trouvent un réconfort dans le partage de leurs interrogations et de leurs espérances. Au-delà des doctrines et de la pratique de la religion, les agents de pastorale remplissent souvent un rôle d'accompagnant inestimable auprès des malades et de leurs familles.

Certains patients apprécient énormément les arts, en particulier les **arts plastiques** et la **musicothérapie.** Ces formes d'expression suscitent ou renforcent l'activité créatrice potentielle dans tout individu et constituent parfois la seule communication possible entre le malade et son milieu. Témoignant d'interrogations ou d'émotions profondes, les arts peuvent servir de pont entre le rationnel et l'émotionnel et permettre l'expression et l'échange de sentiments. Évoquant parfois le passé ou ramenant à l'instant présent, les arts aident la personne à se centrer sur ses émotions immédiates et servent ainsi d'exutoire à des sentiments parfois difficiles à exprimer autrement. Que le malade soit actif ou passif (contemplatif, méditatif), les arts et la musicothérapie, pratiqués individuellement ou avec l'aide d'une personne qualifiée, procurent souvent un soutien et un apaisement précieux.

L'accompagnement bénévole. Cette forme de soutien a exploré de nombreuses voies depuis quelques années, en particulier auprès des malades et de leurs familles, à domicile ou en établissement spécialisé. Il ne fait aucun doute que des bénévoles bien formés, encadrés par des professionnels et intégrés de diverses façons aux structures professionnelles, peuvent apporter, en maintes situations, une aide complémentaire adéquate fort appréciée*.

Les **groupes d'entraide** constituent aussi un apport important dans le soutien aux malades et à leurs proches. Nous y consacrons le chapitre suivant, dans lequel nous abordons les formes de soutien spécialisé qui, à notre avis, sont les plus courantes, les plus accessibles ou les plus directement reliées au travail des équipes de soignants. Bien sûr, il en existe d'autres (approches mentales, cor-

---

* Voir *L'accompagnement au soir de la vie,* Montréal, Le Jour, éditeur, 1992.

porelles ou spirituelles) que nous n'énumérerons pas de crainte d'en omettre. Toutefois, il est certain que de nombreux malades et leurs familles peuvent en retirer un réconfort physique et moral réel.

Pour conclure, nous soulignons encore une fois que c'est le malade qui bénéficiera finalement de toute l'aide obtenue par son entourage.

CHAPITRE 10

Solidarité et partage

«Après l'annonce du pronostic, j'ai passé quelque temps repliée sur moi-même. J'avais l'impression d'être la seule à vivre ça et je croyais que personne ne pouvait vraiment me comprendre. J'ai été soulagée d'apprendre que c'était possible de partager mes sentiments avec d'autres malades dans la même situation. Même si j'ai encore bien des obstacles à surmonter, l'une des choses qui m'aide le plus, c'est de sentir qu'entre malades nous nous épaulons mutuellement.»

Certaines circonstances produisent globalement des effets similaires chez la plupart des individus, mais chacun y réagit selon sa personnalité (sensibilité, perception, modèles et apprentissages, culture et croyances). Les conséquences d'un événement donné peuvent être foncièrement semblables, mais les réactions (type, intensité, durée) diffèrent selon les paramètres individuels. On ne peut donc pas toujours présumer des conséquences exactes d'une conjoncture difficile. Néanmoins, la déstabilisation provoquée par la maladie va souvent de pair avec un effet de marginalisation.

La maladie, à plus forte raison quand elle est grave, place, temporairement ou de façon prolongée, la personne dans un *no man's land,* la met en dehors du coup, hors-circuit pour ainsi dire. Que ce soit quant au statut, au rôle, aux fonctions, aux rapports affectifs ou à l'image, il y a le risque que les bien portants considèrent le malade comme un être à part, en marge de la normalité. Les attitudes de la communauté envers le malade sont parfois dures: il est différent des autres ou de ce qu'il était, il est non fonctionnel, non productif, il dérange, il coûte cher à la société, etc. L'histoire nous prouve encore aujourd'hui à quel point certaines idéologies peuvent pousser ces raisonnements jusqu'à l'ignominie. Plus près de nous, les cas d'ostracisme, parfois subtils, reliés directement à la maladie ne sont pas rares. La marginalisation peut parfois prendre d'insidieux aspects: comportements punitifs camouflés, sollicitude caritative, pitié, infantilisation ou exclusion pure et simple. Mais le point primordial est que, de bien des façons, la maladie perturbe plus ou moins un ordre établi ou souhaité et que, par conséquent, la personne atteinte se sent en marge.

La tendance à la marginalisation n'est pas toujours causée par les autres, c'est parfois le malade lui-même qui se place consciemment ou non dans cet état. Cette réaction peut être consécutive à des sentiments de gêne, de pudeur, d'humiliation, voire de honte, ou, sur un autre plan, aux changements de rythme imposés par la maladie, ou encore à la perte de confiance en son corps, en ses capacités et en ses énergies. À cet égard, on peut considérer le repli sur soi, le retrait social, l'apathie, la dépression, même la régression comme des formes de marginalisation.

Le fait d'être coupé ou de se couper de son milieu peut ne se manifester que dans certaines sphères de la vie du malade, et par ailleurs n'être que de courte durée. S'il est vrai que l'effet de marginalisation est fréquent en cas de maladie, et peut-être jusqu'à un certain point inévitable, il s'avère également que de nombreuses personnes ne le ressentent que de façon mineure ou fugace. Même si leur vie est menacée, certains individus ne perçoivent pas leur situation comme une catastrophe et se lancent rapidement dans les luttes à entreprendre pour vaincre la maladie tout en maintenant des liens étroits avec leur entourage.

L'humain est un être affectif et social qui donne, qui reçoit et qui échange avec ses semblables. Si, pour diverses raisons et de maintes façons, les moments difficiles de son existence l'incitent parfois à s'isoler de la communauté, n'est-il pas naturel qu'il cherche en retour à renforcer ses liens d'attachement à celle-ci? Les grandes peines comme les grandes joies ne sont-elles pas souvent plus signifiantes lorsqu'elles sont partagées? Le sentiment d'appartenance, l'esprit de solidarité sont de puissants instruments de réconfort affectif et social, d'ailleurs le mot «confort» signifie «fort avec». Les groupes d'entraide se sont formés pour répondre à ces besoins d'attachement et d'assistance.

Tout d'abord, ils visent à briser ou à réduire l'isolement, à rétablir la cohésion des liens ébranlés par la maladie. On peut aller plus loin et considérer cette épreuve comme un lien d'une nature particulière, presque une entité, qui s'établit entre la personne souffrante et son entourage, un lien inopportun et «antisocial» que l'on entend maîtriser. De ce point de vue, l'esprit de corps tend à minimiser la place et l'influence de «l'intruse» sur le groupe, et à socialiser de nouveau le malade.

Par l'encouragement qu'elle donne, la solidarité affermit la confiance et fortifie la motivation à lutter. Les groupes d'entraide et de partage agissent à plusieurs niveaux. Ils concrétisent, rendent vivant et probant l'esprit de solidarité. Ils facilitent la reconnaissance et une certaine acceptation de la situation, tout en aidant les individus à se reconnaître, à maintenir ou affirmer leur identité et à se sentir moins seuls. Parce qu'ils ont la possibilité de s'exprimer dans un milieu empathique, les participants des rencontres de groupe peuvent ventiler leurs sentiments, nommer et préciser leurs émotions et, le reflet et les échanges aidant, mieux comprendre, expliquer, éclaircir l'expérience qu'ils vivent. Échanger sur des situations communes permet souvent de les dédramatiser, de les relativiser et de bénéficier de l'expérience des autres. Non seulement les groupes d'entraide et de partage offrent un ressourcement affectif et psychologique, mais encore ils permettent d'explorer en commun les ressources individuelles et de proposer des solutions aux problèmes. Certains de ces regroupements font preuve d'une grande disponibilité, offrent un soutien prolongé et même individualisé au besoin.

Essentiellement, les mêmes principes animent les groupes d'entraide pour malades et ceux destinés à leurs proches, et leurs objectifs particuliers diffèrent souvent. Cependant, chacun y puise un ressourcement adapté à ses besoins. Néanmoins, certains groupes s'adressent aussi bien aux malades qu'à leurs proches; les groupes d'entraide, de solidarité et de partage peuvent aussi se manifester par le biais de conférences, de soirées de rencontres et d'information. Outre les exposés, les renseignements, les références et l'échange que ces réunions peuvent offrir, elles constituent pour de nombreuses personnes en difficulté des événements où la réflexion et le soutien sont plus anonymes, plus intériorisés, tandis qu'elles sont pour d'autres une occasion de socialisation non négligeable.

Soulignons qu'il est important de respecter une certaine intériorisation, car parler de ses difficultés n'est bénéfique que dans la mesure où cette action correspond à un besoin spontané et libre. Certains malades et leurs proches n'éprouvent pas toujours le besoin d'échanger sur leurs sentiments et leurs interrogations ailleurs que dans leur milieu personnel et familier, avec les êtres chers directement touchés. Il est assez courant que des familles refusent de s'ouvrir à des étrangers, au cours de rencontres à domicile ou ailleurs. Même s'il est vrai que l'être humain est un être communicant et socialisant, que les échanges de groupe constituent souvent une aide précieuse, il ne faudrait cependant pas en conclure que toute relation d'aide doit passer par la verbalisation. Les groupes d'entraide et de partage ne sont donc pas toujours perçus par tous comme un agent indispensable de ressourcement et de soutien.

CHAPITRE 11

Vos ressources intérieures

Aujourd'hui je vois la vie
Avec les yeux du cœur
J'suis plus sensible à l'invisible
À tout ce qu'il y a à l'intérieur
[...]
Au fond des cœurs blessés
Il y a de l'espoir, caché*

En témoignant de leur propre cheminement, c'est avec une intense émotion que Gerry Boulet et Marjo nous incitent au voyage intérieur et nous font partager leurs espérances.

Dans les circonstances troublantes et pénibles, dans les moments de doute et de vulnérabilité, la confrontation avec soi-même, la méditation et l'introspection n'orientent-elles pas bien souvent vers les ports de calme les plus sûrs? Qui n'a pas connu ces moments d'incertitude ou de fragilité où l'on ne peut compter, ne serait-ce qu'un instant et malgré

---

* Paroles de Jean Hould, Éditions Fleurs de magie.

toute l'aide disponible, que sur ses choix personnels et sa force intérieure? C'est souvent en se repliant sur lui-même, en élaborant ses propres réflexions, en se fiant à ses intuitions, en se raccrochant à ses convictions et ses valeurs que l'individu trouve les ressources nécessaires pour vaincre l'adversité et forger ses espérances.

En lui permettant de se distancier des influences extérieures et de marquer une pause dans un rythme de vie effréné, l'intériorité remet la personne en contact avec ses vraies émotions, ses sensations réelles, ses perceptions claires et ses idées propres, elle renforce ses étais et lui offre ainsi l'occasion de se ressourcer aux racines les plus profondes de son être. Retrouvant la nature intrinsèque de son ego, l'individu mis en présence de sa liberté foncière et de ses forces intérieures peut se permettre d'être authentique et de communiquer plus facilement avec ses semblables, sans artifices ni faux-fuyants, fort de son unicité.

Ainsi, une certaine forme d'intériorité permet à la personne d'être seule avec elle-même sans se sentir isolée, d'établir des voies de raccordement solides et signifiantes entre le soutien communautaire et ses propres ressources.

Malheureusement, la société individualiste dans laquelle nous évoluons nous place souvent au cœur de pénibles contradictions qui ne favorisent pas le développement de l'intériorité. Elle nous pousse à ne compter que sur nous-mêmes, mais elle nous y prépare mal en nous mettant de bien des façons à la merci des autres. Parfois, elle tend à laisser à l'individu la responsabilité de ses actes et de ses choix tout en lui proposant par ailleurs, en certains domaines, une prise en charge qui peut devenir aliénante. Elle lui offre le soutien de la collectivité, mais elle ne cesse pas en même temps de lui démontrer la nécessité d'assumer à lui seul son destin. Elle le marginalise ou le rejette facilement s'il ne se conforme pas aux normes établies. Les prescriptions sociales, tacites ou non, oscillent constamment entre la primauté des droits et celle des devoirs. Il risque d'en résulter chez l'individu une certaine difficulté à identifier ses valeurs et ses balises, une obligation de se soumettre à des modèles imposés, une dilution de ses possibilités ou facultés, voire une véritable passation aux autres de ses propres moyens d'action. À la limite, et strictement d'un point de vue négatif, l'individualisme peut avoir l'effet paradoxal de nier l'individu, de le rendre anonyme, de le banaliser, si celui-ci n'a pas la possibilité d'affirmer son unicité et d'exploiter ses ressources.

C'est devenu un lieu commun de dire qu'on prend trop peu le temps... d'arrêter le temps, de saisir l'événement, d'accueillir l'émotion, d'attarder le regard ou de poursuivre le geste, d'écouter les voix silencieuses qui ne cessent d'insuffler à l'être intérieur ses forces vives et ses plus sages exhortations. S'il y a les yeux du cœur, n'y a-t-il pas aussi la parole de l'âme? Nous sommes habitués à fonctionner en pleine action fébrile, car l'efficacité est sublimée par notre société. C'est pourquoi nous avons peut-être perdu contact avec l'intériorité et trop privilégié l'agir au détriment de l'être? Bien souvent, ce sont les moments de solitude, de déception, d'ébranlement qui nous remettent en relation avec nos forces intérieures potentielles.

Pourtant, il peut sembler contradictoire, incongru de parler de forces vives et de ressources intérieures alors que, précisément, la maladie a pour effet de les ébranler ou de les affaiblir, de les éloigner ou de les rendre momentanément inopérantes. Comment les regrouper et les consolider lorsque tout l'être chancelle aux prises avec l'adversité?

Voyons le point de vue d'un patient qui reçoit un pronostic sévère.

Une personne atteinte, même très fatiguée ou diminuée, n'est pas forcément aliénée par la maladie physique. On est souvent porté à mésestimer les ressources personnelles, aussi intériorisées soient-elles, dont elle peut disposer pour soutenir ses luttes. Si l'instinct de survie peut se révéler à lui seul un puissant moyen d'action chez tout être vivant, l'individu possède aussi la faculté de conjuguer en lui l'élan vital et les forces morales. Le **désir** de vivre, la

volonté de résister, le **refus** de se soumettre au destin, la **résistance** aux épreuves, le **choix** des options personnelles sont bien plus que des tendances innées et des mécanismes de défense, ce sont des lignes de force éclairantes et constructives.

Bien qu'elles puissent être affaiblies ou voilées par l'adversité, les ressources intérieures sont de vieilles compagnes intimes ayant fait maintes fois leurs preuves au cours de votre développement, et particulièrement dans les moments difficiles. Vos apprentissages antérieurs, la foi en vos capacités personnelles, le courage et la détermination, les valeurs morales, la fierté d'avoir surmonté des obstacles qui paraissaient infranchissables, la satisfaction retirée de l'accomplissement et du dépassement, la connaissance de soi, le sentiment d'appartenance font partie de ces amis sûrs que la réflexion et le retour en votre for intérieur permettent d'appeler à l'aide.

Bien sûr, il se trouve des moments où le tourment et le découragement prennent le pas sur la résistance et la volonté, des heures où même la personne la plus combative sent ses forces morales l'abandonner. Ses ressources intérieures deviennent alors si ténues ou dispersées, si peu identifiables qu'elles sont à toutes fins utiles hors d'état de service pendant un certain temps. Semblables à des balises dissimulées par une épaisse couche de brouillard, elles ne sont peut-être qu'estompées ou mises en veilleuse temporairement; ce n'est que lorsque le brouillard se lèvera qu'elles redeviendront éclairantes et permettront de maintenir le cap.

Les ressources intérieures ne sont pas nécessairement toujours centrées sur l'action; certaines, de nature plutôt contemplative, n'en sont pas moins apaisantes et réconfortantes dans les moments de fragilité intérieure. La méditation et la relaxation, entre autres, peuvent faciliter un ressourcement moral profond et positif, particulièrement lorsque les forces combatives déclinent ou exigent trop d'énergie.

«J'suis plus sensible à l'invisible // À tout ce qu'il y a à l'intérieur...» Nombreux sont les malades qui, souvent intérieurement, reprennent ces paroles à leur compte et portent un regard neuf sur le monde et leur état physique.

S'il est vrai que les ressources intérieures constituent de précieux outils dans les périodes de vulnérabilité, il serait néanmoins faux de prétendre qu'elles représentent une panacée et qu'elles sont le seul indice sérieux de la solidité intérieure. Ainsi, bien des gens privilégient l'action ou le renforcement des relations interpersonnelles plutôt que l'introspection, ou encore ils se réfugient dans un état neutre et indifférent sans pour autant se sentir démunis secrètement.

CHAPITRE 12

La spiritualité

À elle seule, la spiritualité peut constituer un vaste réservoir de ressourcement pour le malade et ses proches. Ici, nous prenons en considération la spiritualité dans un sens très large. Nous la distinguons du sentiment religieux et nous l'examinons plutôt du point de vue philosophique et en fonction du psychisme de l'homme et de son besoin d'intériorité. Nous ne nions pas que, pour certains, la spiritualité puisse se traduire dans des gestes sacramentels ou conformément à des rites religieux établis et reconnus. Même si la spiritualité ainsi comprise peut être considérée comme une ressource intérieure très importante, nous avons néanmoins choisi de la traiter dans un chapitre distinct, d'une part, en vue de souligner toute sa valeur et l'ampleur des effets bénéfiques qu'elle exerce sur les êtres souffrants, qu'ils soient au sens strict du mot croyants ou non, et, d'autre part, pour faire ressortir tout le réconfort qu'elle apporte à l'être humain.

En effet, surtout lorsqu'il est aux prises avec des difficultés existentielles, l'individu ne peut échapper aux questionnements métaphysiques ou moraux. Dans la poursuite de sa quête pour donner un sens à son existence, il tente d'établir des liens signifiants entre sa nature d'humain et son besoin d'absolu. L'un des traits distinctifs de la spiritualité est précisément de relier le fini à l'infini et d'accorder à l'homme le pouvoir prodigieux de se placer au centre de l'individuel tout en se projetant dans l'universel, de le soustraire à sa mouvance en lui offrant ainsi la permanence et l'immuable au-delà de la finitude et de la précarité.

C'est donc particulièrement dans ses heures d'incertitude et de fragilité, lorsque ses forces morales et physiques l'abandonnent, que l'être humain cherche dans la spiritualité un terrain sûr. Il est persuadé alors que les valeurs humaines, la foi et les croyances peuvent l'aider à délimiter ses balises et à jeter l'ancre dans des eaux plus calmes.

Le recours à la spiritualité, coloré et modulé selon les cultures et les concepts individuels, n'est pas forcément associé aux pratiques religieuses.

Pour les athées, le mot «spiritualité» ne définit que ce qui se rapporte à l'esprit, ce qui est indépendant de la matière, et ne se réfère pas à la notion de divin, d'absolu ou d'au-delà. Ils considèrent donc le questionnement spirituel comme un recours aux forces psychiques individuelles, une conscience plus aiguë et un renforcement des valeurs humaines, voire simplement un besoin de compensation psychologique, plutôt qu'une grâce ou une intervention de la Providence.

En ce qui concerne les croyants de diverses doctrines, la spiritualité est centrée davantage sur la foi et les enseignements religieux, les sacrements, la rémission des fautes et l'intercession divine, les rites, l'étude et l'application des textes sacrés. Il s'agit donc d'une spiritualité dont le caractère religieux est dominant, qui est intimement et principalement liée à l'action humaine et à la grâce divine, au temporel et à l'éternel.

Une autre attitude spirituelle, largement répandue de nos jours, est représentée par les théistes de diverses tendances qui admettent l'essence d'une divinité sans toutefois accepter ni religion ni dogme, ou qui ne s'adonnent tout simplement pas à aucun rite religieux. Reconnaissant l'existence d'un ordre et d'un dessein supérieurs, tout en n'adhérant à aucune église, ils voient dans la spiritualité à la fois un prolongement, une reconnaissance d'un Être suprême et l'occasion d'appliquer ces principes à l'échelle humaine et d'y nourrir leurs espérances.

Il existe plusieurs religions ou doctrines fondées sur les croyances au divin et sur l'observance des prescriptions morales qu'elles entraînent, aussi variées et particulières que puissent être les conceptions de la spiritualité. Nous n'avons abordé ces trois dernières que de façon très schématisée et à titre d'exemples.

Par ailleurs, il est évident que la spiritualité n'a pas pour seule fonction d'offrir un refuge aux individus dans les moments précaires de leur existence. Nous ne faisons que souligner ici le rôle de pont, de levier que peuvent jouer, dans les moments critiques, les forces spirituelles pour pallier la faiblesse de l'être humain et raffermir ses facultés d'élévation et de dépassement.

Qu'elle trouve ses voies d'expression par la foi en un Dieu miséricordieux, par la prière et l'observance religieuse ou la croyance en des forces salvatrices supérieures, ou encore par le sens personnel conféré aux valeurs humaines et morales, la spiritualité offre à de nombreux malades un temps de réflexion propice au renforcement de leurs ressources intérieures et de leurs espérances. Certains accordent même une valeur rédemptrice aux épreuves et peuvent ainsi donner à la souffrance un sens qui échappe à d'autres. À ce propos, il n'est pas inutile de rappeler que l'Église catholique autorise la mise en œuvre de tous les moyens analgésiques jugés médicalement nécessaires pour soulager la douleur physique, et cela, depuis 1957.

Mentionnons encore que le soutien de proches consentants et déculpabilisants, de conseillers spirituels expérimentés s'avère souvent un secours inestimable pour l'être souffrant aux prises avec ses tourments intérieurs, ses questionnements et ses contradictions, quel que soit le type de spiritualité qui l'habite et auquel il est obligé de faire face dans une période éprouvante difficile à traverser.

CHAPITRE 13

Vos relations affectives

«Ce que je trouve parfois difficile dans ma maladie, ce sont mes changements d'humeur et de comportement. Il m'arrive, à l'occasion, d'avoir des sentiments contradictoires et des réactions brusques. J'ai parfois l'impression d'être devenue une autre personne que ceux que j'aime considèrent un peu comme une étrangère. Je sens bien que ces réactions étranges les déroutent et les peinent. Je crois qu'ils comprennent qu'elles sont dues à la maladie, mais cela n'atténue pas forcément leur désarroi. Nous n'arrivons pas toujours à nous expliquer et c'est pourquoi nous vivons des moments de tension difficiles qui s'ajoutent aux problèmes inhérents à mon état de santé.»

Précédemment, nous avons évoqué les effets déstabilisants d'un diagnostic grave; ils peuvent se répercuter sur vos relations affectives au point de les perturber parfois. Celles-ci constituent pourtant des balises et des sources de réconfort mutuel très importantes. De plus, les relations affectives aident à renforcer l'espoir et à ressouder les failles, à donner le ressort et à stimuler la détermination. Ce sont des ressources précieuses qu'il importe d'affermir et de valoriser quand survient la maladie.

Qu'appelons-nous relations affectives? En premier lieu, nous nous référons aux liens d'attachement qui unissent le malade à ses proches, c'est-à-dire aux rapports qui facilitent la communication et l'échange d'émotions et de sentiments entre des êtres intimement liés affectivement. Dans le présent chapitre, nous considérons que, dans une famille, ces rapports sont fondés sur l'affection, la tendresse et l'amour. En second lieu, en élargissant la notion de proches hors des liens de parenté, nous étendons le concept de rapports affectifs aux amis et relations intimes avec qui le malade a tissé des liens d'estime, d'amitié et d'affection.

De quelle façon une maladie grave peut-elle perturber les relations affectives? Tout d'abord en provoquant presque inévitablement chez le malade un certain nombre de réactions physiques et psychologiques qui peuvent affecter à divers degrés son corps, ses pensées, ses activités et ses rapports avec les autres. Bien que ce ne soit pas toujours le cas, il arrive que la maladie provoque des manifestations d'impatience, de colère, d'agressivité, d'ambivalence, de repli sur soi, voire d'anxiété ou de dépression, et bien d'autres. Aux prises avec ces réactions troublantes, vous pouvez avoir l'impression de perdre pied, de devenir une personne différente et d'éprouver une grande difficulté à vous accepter et à vous situer. Vous croyez peut-être que votre univers chancelle, que vos points de repère sont ébranlés, que vos étais affectifs et fonctionnels sont remis en question. Bien sûr, vous pouvez mettre toutes les chances de votre côté et tenter d'affermir vos positions, mais votre perception de vous-même et du monde peut aussi se modifier grandement et compromettre la recherche de votre équilibre. Une personne qui reçoit un diagnostic grave peut aussi être, pendant un certain temps, sous l'emprise d'une grande stupeur qui la laisse incrédule, impuissante et sans réactions. Quelles que soient les modifications de comportements provoquées par la maladie, elles entraînent par répercussion certains changements dans ses relations avec les autres, ne serait-ce qu'en modifiant le rythme quotidien, la perception du temps, le déroulement des activités, l'accomplissement de projets, et tant d'autres choses.

Les proches, eux aussi, éprouvent souvent un certain désarroi et une inquiétude face aux changements d'attitudes du malade, une difficulté à comprendre ses réactions et ses choix, et un non moins grand problème à s'y adapter. Par conséquent, il risque de s'ensuivre, en plus des bouleversements fonctionnels évoqués, une altération de la communication et des rapports affectifs.

Ne sommes-nous pas trop souvent portés à ne voir dans le malade qu'une personne atteinte dans son intégrité et qui nécessite des soins et des traitements, voire un individu porteur de problèmes et à oublier sa nature unique et profonde? Or, dans la plupart des cas, la personnalité foncière du malade n'est pas radicalement modifiée, c'est son état qui provoque des réactions inattendues mettant en évidence certains de ses traits de caractère.

Il en est de même des relations affectives. La maladie survient, s'insère dans un contexte familial établi, mais elle ne change pas fondamentalement les relations déjà agencées, élaborées, entretenues par les membres du réseau. Certes, l'interaction affective est modifiée, modulée différemment en fonction de circonstances nouvelles et troublantes, cependant les bases restent en place et ne sont pas toutes profondément ébranlées. Il est réconfortant et moins exigeant sur le plan émotionnel de ne pas s'attendre à ce que les relations affectives changent en profondeur.

Ces relations ont été patiemment tissées par le temps et, parmi tous les sentiments qui accompagnent leur développement, certains comme l'indulgence et l'acceptation inconditionnelle constituent des bases inébranlables. Malgré les heurts et les incompréhensions, les frustrations et les déceptions, ou simplement en raison de l'évolution des individus, certains liens qui les rapprochent résistent aux intempéries, continuent de croître et de nourrir les marques d'affection dans l'estime et le respect de chacun.

Même si les relations affectives peuvent à l'occasion être ébranlées, elles n'en demeurent pas moins un élément fondamental de stabilité et constituent un réservoir potentiel de ressourcement et de soutien mutuel. C'est dans les moments difficiles de l'existence que les rapprochements affectifs prennent une valeur singulière, que l'esprit de partage acquiert toute sa signification et son intensité. Au fond, point n'est besoin d'une communication volubile; quelques mots, quelques gestes, quelques regards suffisent parfois à exprimer l'essentiel, à consolider les liens et à renforcer les points d'appui. Tant de choses peuvent s'échanger dans ces moments d'émotions et de sentiments: aussi bien les inquiétudes du moment que la nostalgie du passé, aussi bien les espoirs et les encouragements que les souvenirs et les regrets, aussi bien les marques d'affection spontanées que les larmes et les rires.

Il est compréhensible qu'un grand malade ait des préoccupations personnelles importantes l'amenant à réfléchir à des questions essentielles, qui ne paraissent pas toujours claires ou évidentes à l'entourage, mais qui le sont pour lui. Ce questionnement intérieur peut l'inciter, à divers stades de la maladie, à réviser ses valeurs et ses priorités. Sur le plan affectif, une difficulté survient lorsque le malade décide de modifier ses relations et que, tacitement ou non, il manifeste ses préférences. En effet, pour des raisons strictement personnelles, il peut refuser de voir certaines personnes et même mettre un terme à des relations qu'il juge peu significatives ou franchement dérangeantes. En revanche, il lui arrivera de privilégier la présence de certaines personnes et même de renouer avec d'anciennes relations (des individus qu'il n'a pas vus depuis longtemps, des parents ou amis avec lesquels il s'est brouillé — un ex-conjoint, par exemple). Ces choix qui semblent parfois surprenants, et même choquants, risquent de susciter des frustrations, du ressentiment et de causer de la peine aux proches. Cependant, il faut admettre qu'ils ont pour le malade une signification spéciale que celui-ci aimerait voir respectée. C'est souvent, pour les proches, l'occasion de s'interroger sur leur propre cheminement intérieur et sur les liens affectifs qui les unissent au malade, mais aussi sur les questions fondamentales de leur propre existence.

Lorsqu'il est question d'émotions et de sentiments, le silence semble un puissant moyen de communication. Être à l'écoute du malade ne signifie pas toujours qu'il faille trouver des réponses immédiates, que ce soit par des actes ou des paroles. Un regard, un sourire, un geste, une simple présence chaleureuse valent parfois mille mots et suffisent souvent à satisfaire ses besoins. À certains moments, le malade appréciera plus que tout le calme et le silence et ne se sentira pas rejeté ou isolé, mais, au contraire, en étroite communication de cœur avec ceux qui l'entourent. Quelquefois, les périodes de silence lui procurent la tranquillité nécessaire à son repos physique et psychologique ou lui fournissent l'occasion d'une introspection bénéfique. Pour lui-même autant que pour ses proches, le silence peut offrir le calme, le réconfort et le ressourcement souhaités.

Les enfants qui subissent les conséquences de la maladie d'un membre de la famille ne comprennent pas toujours les raisons de ces bouleversements ni, en particulier, pourquoi et comment la maladie peut influer sur les liens d'affection. Néanmoins, ils en ressentent les effets à leur façon et cherchent à retrouver l'équilibre et la sécurité affective. «Pourquoi grand-maman grimace-t-elle quand je saute sur son lit? Avant, elle me prenait dans ses bras en riant et me racontait des histoires.» C'est ainsi qu'un jeune enfant exprimait son incompréhension et son désarroi. Pour sa part, une adolescente manifestait son malaise autrement: «Depuis qu'elle est malade, ma mère est devenue impatiente et on ne peut plus lui parler comme avant. On dirait que les choses ont aussi changé entre elle et mon père, c'est comme si on était tous déboussolés dans la maison.»

Par-delà les questions, les commentaires et les comportements qui peuvent paraître saugrenus et déplacés, ces
jeunes expriment leur malaise, leur souffrance et leur
impuissance face à la menace et traduisent ainsi leur
intense questionnement intérieur. Sans qu'ils en aient véritablement conscience, ils pressentent que certaines de leurs
valeurs et croyances sont remises en question. Alors, ils
peuvent ressentir des inquiétudes qu'ils sont incapables
d'exprimer ouvertement. Les réactions des enfants varient
beaucoup selon l'âge, le rang qu'ils occupent dans la
famille et leur capacité de compréhension, mais aussi suivant la nature des liens qu'ils entretiennent avec les autres
membres de la famille et surtout avec la personne malade.
Eux aussi perçoivent des variations ou des changements
profonds dont la nature réelle leur échappe, surtout s'ils
n'ont pas la maturité suffisante pour analyser et raisonner.
Mises à part quelques situations exceptionnelles, il n'est
certainement pas souhaitable de les tenir à l'écart des
préoccupations de la cellule familiale, car une telle attitude
aurait pour effet de les isoler et de les troubler davantage. Il
faut plutôt leur donner des explications claires à la mesure
de leur compréhension, les aider à sauvegarder et renforcer
leurs valeurs et celles du milieu familial, les sécuriser le
plus possible, et valoriser l'aide qu'ils désirent offrir.

Les changements dans les rapports affectifs ne concer-
nent pas seulement les personnes apparentées au malade,
mais aussi certaines relations sociales privilégiées, notamment des collègues de travail, des amis ou des voisins. Bien
que les relations existant entre le malade et ces personnes
ne soient que d'ordre social, elles peuvent, à l'occasion,
devenir très signifiantes sur plusieurs plans. Il arrive souvent qu'une grande épreuve rapproche des individus qui
jusque-là n'entretenaient que des rapports d'ordre strictement professionnel. Ces rapprochements s'effectuent parfois de façon spontanée, parfois à l'invitation expresse du
malade. Même occasionnels et peu fréquents, ces contacts

peuvent néanmoins traduire des sentiments profonds, signifier pour le malade un lien avec la collectivité ou l'expression d'une solidarité particulièrement réconfortante. Ils peuvent de plus exprimer une reconnaissance de sa personne, un respect et une estime jamais ou peu manifestés auparavant.

Certes, il n'existe pas de situation idéale. Néanmoins, le maintien des liens affectifs et leur manifestation constituent une forme importante de réconfort pour le malade. C'est ce qu'exprime le commentaire suivant: «Avec le recul, je me rends compte à quel point l'attitude de mes proches a été réconfortante. Toujours, j'ai senti qu'ils m'épaulaient et que, même dans les moments les plus difficiles, le dialogue restait possible.»

CHAPITRE 14

La créativité

Selon la définition courante, la créativité est le pouvoir de création et d'invention, le fait de réaliser une idée, de créer une œuvre ou une organisation. De tout temps et de mille façons, l'être humain a exploité cette faculté pour améliorer son quotidien, s'exprimer, refaçonner la nature et laisser ses traces. Il est probable que les premières manifestations de créativité procédaient de son besoin fondamental de s'acclimater à l'environnement et de forger des outils pour assurer sa survie. Au-delà de ces nécessités pragmatiques se serait développé le besoin d'agir sur la nature, de reproduire, de remodeler et de s'approprier le réel, par un continuel processus d'expérimentation et d'exploitation de l'intelligence. Ainsi, la créativité devient un moyen d'exprimer des sentiments, de traduire des sensations et perceptions en surmontant certains obstacles à leur expression (notamment la parole et les langages, les censures et les tabous, les difficultés de communiquer les émotions).

«Grand-papa, je t'ai apporté un dessin pour mettre sur le mur, en face de ton lit. Comme ça, chaque fois que tu te réveilleras, tu penseras à moi.»

«Quand je ne suis pas trop fatigué, j'aime bien descendre au sous-sol et bricoler un peu, ça me change les idées.»

«Je tricote un chandail pour ma fille en écoutant de la musique, ça m'apaise et je me sens utile.»

«J'ai repris contact avec une amie; elle ne peut pas se déplacer, mais nous nous écrivons et échangeons beaucoup sur nos pensées, nos lectures, nos joies et nos peines. De temps en temps, je lui envoie mes poèmes.»

Ces quelques exemples illustrent de manière simple et touchante la place importante que peut prendre la créativité au cours d'une maladie.

Certains malades mettent à profit le temps d'arrêt ou le changement de rythme imposés par leur état pour s'adonner à des loisirs longtemps délaissés, tandis que d'autres se découvrent un intérêt et des talents pour des passe-temps nouveaux, ou se surprennent à exprimer leur créativité par de petits gestes spontanés et gratuits qu'ils ne faisaient jamais auparavant. D'autres encore effectuent des changements majeurs dans leur mode de vie ou leur carrière. Il arrive aussi que la perte d'un membre ou d'une faculté suscite l'éveil et la réalisation de nouveaux moyens de communication ou permette d'inventer des façons de mieux supporter leur condition, tel ce malade alité qui s'était fabriqué des instruments rudimentaires, mais très efficaces, avec sa canne, des bâtons, des ficelles et du ruban adhésif, afin de mieux manipuler les objets qui l'entouraient.

L'écriture (les poèmes et les pensées, le journal intime, la correspondance), l'art (le dessin, la peinture, la sculpture, la photographie, la musique), le bricolage et l'artisanat (couture, tricot, crochet, émail, reliure, vitrail et tant d'autres activités), le montage d'albums, de bandes sonores ou vidéos, la passion de la collection, l'étude, la culture sont autant de voies d'expression de la créativité.

Certaines personnes ayant surmonté les difficultés occasionnées par la maladie mettent leur compétence et leur temps libre au service d'autres individus dans la même situation. Quelle que soit leur contribution au bonheur des autres, elles sont souvent les premières surprises de trouver en elles ce besoin, cet élan de créativité dont elles retirent une joie et une valorisation inestimables.

Au-delà des loisirs, des passe-temps ou de l'engagement solidaire, la créativité s'exprime de façon particulièrement touchante quand un malade désire transmettre à ses proches, tel un héritage précieux, une preuve tangible de son attachement en réalisant une œuvre personnelle et significative.

La créativité n'est pas le privilège des artistes professionnels ou des grands novateurs; elle n'a pas forcément sa finalité dans la création proprement dite. En fait, tous les gestes simples et banals de la vie quotidienne peuvent être porteurs de créativité, ne serait-ce qu'en permettant d'exprimer le langage du cœur et de poser un regard neuf et sensible sur les modes de communication.

On ne peut restreindre toutefois le concept de créativité à la définition citée précédemment. Les sciences humaines ont approfondi la notion de base et le sens premier du mot.

Dans un sens élargi, la créativité ne réside pas seulement dans la poussée impulsive ou la force agissante, composée d'inspiration et d'action, qui génèrent une réalisation concrète, une œuvre. Du point de vue de la croissance, de l'épanouissement et du ressourcement de l'individu, le pouvoir de création est aussi la faculté d'actualiser ses potentiels fonctionnels et relationnels, et ce, à la fois dans l'**être** et l'**agir**. Ainsi, on peut être créatif non seulement dans les réalisations, mais aussi dans les idées et les comportements: «Étant seule avec deux enfants, il a bien fallu que je m'organise quand je suis tombée malade.» Ou encore: «Je profitais de chaque trajet qui me conduisait à l'hôpital pour mes traitements pour réfléchir à des moyens de protéger ma famille.»

La créativité est à la fois une ouverture d'esprit sur le monde environnant et une porte d'accès à l'intériorité de l'être. Elle est le levain nécessaire à l'élaboration, à la structuration des idées et croyances, des représentations de soi et de l'univers. Elle offre à l'individu non seulement des voies d'expression, mais aussi des moyens de construire son imaginaire et ses représentations mentales, de bâtir ses défenses et ses modes d'appréhension de la réalité, de modeler et de diriger ses attitudes. Ce travail se traduit souvent de façon efficace, entre autres, par l'exercice de la musique, de l'expression corporelle, de la méditation, de la visualisation, du «biofeedback». Une malade qui participait à un groupe d'entraide confiait qu'après l'annonce du diagnostic elle a souffert d'abattement et négligé de soigner son apparence pendant un certain temps, jusqu'au jour où une amie lui offrit une violette africaine qu'elle entreprit de faire épanouir. Inconsciemment, au début, elle s'identifia à sa plante, et elle ne comprit que plus tard que, plus elle en prenait soin, plus elle se soignait elle-même. L'éclosion du premier bourgeon lui procura un encouragement et un élan d'espoir en la vie qui décuplèrent ses forces. Un autre malade a raconté que, pendant ses nuits d'insomnie, il vérifiait les moindres détails de la réception qu'il allait offrir à sa fille pour sa remise des diplômes à l'université.

Parce que la créativité fait appel à l'ensemble des modes sensoriels et rationnels, elle favorise l'échange et la transformation des connaissances et des sentiments, canalise et précise les perceptions et sensations, renomme la réalité, suscite le dépassement et, enfin, permet à l'individu de refléter son monde intérieur profond, d'en partager les ressources, tout en exerçant un certain contrôle sur sa destinée.

CHAPITRE 15

Les renoncements

Comme nous l'avons fait à propos d'autres sujets, nous croyons pertinent de situer le sens du terme «renoncement» par rapport au contexte du présent ouvrage.

D'une part, la connotation implacable et définitive du mot est menaçante. Pour s'en rendre compte, il suffit d'énumérer quelques-uns de ses synonymes utilisés dans le langage courant: perte, sacrifice, abandon, abdication, détachement, privation, dépouillement. Or, nous verrons plus loin les nuances qui peuvent être apportées à ces notions. D'autre part, il peut sembler paradoxal de parler de renoncements dans un ouvrage axé sur les luttes à entreprendre, les forces combatives et l'espoir. Ainsi, le titre du présent chapitre montre le risque d'être trop rapidement associé à l'idée de désespoir et d'abandon. Nous demandons au lecteur de ne pas s'arrêter à cette connotation péjorative, car l'un de nos objectifs est précisément d'aider à voir les renoncements d'un point de vue moins austère.

Tout d'abord, un renoncement peut être considéré comme une transition plutôt que comme une perte, comme un passage entre une cessation (ce qui a été) et son remplacement (ce qui sera) plutôt qu'une cassure inexorable, sans compensation aucune. La différence est importante et elle n'est pas seulement une vue de l'esprit. Certes, on peut alléguer que le fait de renoncer demeure inchangé. Néanmoins, vue sous un angle positif, la perception du geste et de ses conséquences ne produit pas les mêmes effets.

Quel que soit le type de renoncement, il n'est pas forcément négatif et ne présente pas toujours le caractère de triste résignation qu'on lui prête souvent. S'il est perçu en tant que modification d'un état (d'être ou d'avoir) et si la souffrance inhérente au changement est surmontée, le renoncement peut être plus doux, moins amer, et même devenir porteur d'espérance plutôt que de regret; ses résultats vivifiants peuvent alors l'emporter sur ses effets démoralisants.

Toute transition comporte les phases particulières suivantes: le changement d'un état, la renonciation à cet état, l'état transitoire d'incubation et de préparation et, enfin, l'acceptation ou la formulation d'un autre état. Dans cette dynamique, le renoncement est d'autant plus bénéfique qu'il est considéré et utilisé comme un tremplin, un pont au lieu d'un fossé. Voici un témoignage qui illustre bien cette façon de voir: «Quand je suis tombé malade, j'ai dû renoncer à des choses que je considérais jusqu'alors comme essentielles, et j'en ai souffert. Cependant, avec le recul, j'ai compris à quel point elles n'avaient pas toute l'importance que je leur accordais. De plus, j'ai découvert un mode de vie et des intérêts nouveaux. Maintenant, je suis moins préoccupé par le passé et je me tourne résolument vers l'avenir.» Bien sûr, ce malade n'avait d'autre choix que d'effectuer les renoncements imposés par son état physique s'il voulait surmonter sa maladie. Mais s'il est vrai qu'à cet égard la maladie est souvent déterminante, elle peut aussi n'être qu'un facteur incitatif parmi d'autres. C'est souvent le malade lui-même qui décide de procéder à des renoncements non directement reliés à son mieux-être physique, des renoncements volontaires et réfléchis qui auraient pu aussi bien se produire lorsqu'il était bien portant. Ainsi, le fait de ne considérer les renoncements que comme des conséquences fâcheuses de la maladie, d'une part, et n'en retenir que les aspects négatifs, d'autre part, ne peut qu'engendrer le découragement.

Par ailleurs, certains renoncements ne sont que temporaires et n'entraînent pas nécessairement des bouleversements fondamentaux. Par exemple, c'est le cas d'une famille qui décide de reporter un voyage à plus tard en raison de circonstances imprévues, ou encore celui d'une personne qui repousse la réalisation d'un projet à cause d'une conjoncture financière défavorable. S'il est vrai que ces renoncements créent des frustrations immédiates, les personnes en cause parviennent souvent, avec le recul, à trouver certains aspects bénéfiques à de telles situations: le voyage sera planifié d'une autre façon et s'avérera plus enrichissant; le projet sera remodelé de façon plus réaliste et profitable. Que ce soit en cas de maladie ou en d'autres circonstances, ce genre de renoncement suscite souvent une réflexion approfondie, une approche mieux adaptée, un élan nouveau, des perspectives insoupçonnées.

Toutefois, on ne peut minimiser le fait qu'une maladie grave, à l'instar de toute crise importante, entraîne parfois des renoncements plus déchirants, à plus forte raison si la vie du malade est sérieusement menacée et plus encore quand elle est parvenue à son terme.

Abandonner tout ce que l'on a aimé, réalisé et désiré, tout ce à quoi on a cru et ce pourquoi on s'est battu; dire adieu à ceux qu'on aime et renoncer à sa propre vie. Voilà sans doute le deuil le plus important qu'un être humain doit accomplir dans son existence.

L'éminente psychiatre Elizabeth Kübler-Ross a identifié et décrit cinq stades précis dans l'évolution psychologique des personnes en fin de vie: la négation, la colère, le marchandage, la dépression et l'acceptation. Bien qu'il ne puisse pas toujours s'appliquer à la lettre (certains de ces stades peuvent se présenter dans un ordre différent, se chevaucher, s'abréger ou se prolonger, et même être absents), ce modèle demeure un important outil de compréhension pour les professionnels de la santé et aussi pour le grand public. Nous nous permettons de l'adapter dans le contexte particulier du présent chapitre.

Tout renoncement majeur comporte une part de négation ou, à tout le moins, de résistance. Il n'est jamais facile de reconnaître l'obligation de renoncer à quoi que ce soit et pour quelque raison que ce soit. Il est facilement concevable que le fait d'avoir à renoncer puisse entraîner des sentiments d'incompréhension et de stupéfaction, d'impuissance et d'incompétence, de défaite, de regret et de privation. Il est tout aussi compréhensible que surgissent, à l'occasion, de forts sentiments d'injustice et des comportements de colère ou d'hostilité. Ces réactions se traduisent souvent par des expressions telles que: «Ce n'est pas vrai. Je ne peux pas admettre ça. Pourquoi moi, pourquoi maintenant? C'est trop dur. C'est inacceptable. C'est injuste. C'est à cause de ceci ou de cela.» La forme de marchandage qui peut survenir dans le processus de renoncement revêt parfois des caractères subtils. «Si je m'y prenais autrement? Est-ce que je peux temporiser? Donnez-moi une chance. Je vais tout faire pour que ça change. Qu'on me laisse un peu de temps.» La dépression suscite une tristesse plus ou moins grande à la pensée de ce qui est perdu; les activités habituelles, les rencontres sociales, la compagnie de certaines personnes, par exemple, ne présentent plus autant d'intérêt. Bien souvent, ce chagrin est intériorisé, peu exprimé verbalement. Dans le processus de transition, ce stade dépressif comprend néanmoins une part de travail psychologique, d'incubation et de préparation à ce qui reste possible. Quant à l'acceptation, elle n'est pas toujours, tant s'en faut, inconditionnelle. Cependant, sous certaines conditions, le renoncement peut être perçu comme une résignation plutôt sereine, un abandon assez paisible, dans la mesure où l'individu parvient à surmonter la dépression et les sentiments négatifs.

Bien sûr, il existe une multitude de renoncements dont l'importance varie selon leur nature et leurs effets. Certains ne s'effectuent pas facilement et risquent d'entraîner dans leur sillage une profonde amertume. Du point de vue du malade gravement atteint en particulier, souvent c'est l'entière trajectoire de sa vie qui est bouleversée. Autant le passé que les perspectives d'avenir sont parfois remis en question de façon cruciale. Certains renoncements prennent alors un caractère définitif et les consolations paraissent bien minces ou ne comportent que des compensations à court terme. Toutefois, c'est dans de telles situations que l'expression «au jour le jour» prend toute sa signification. En adoptant cette façon de vivre, de nombreux malades parviennent, ne serait-ce que momentanément, à renoncer au futur à long terme et vivent l'instant présent plus intensément.

Dans les périodes de pénibles dilemmes, il est réconfortant de se rappeler que nous avons oublié la plupart des renoncements, consentis ou forcés, survenus au cours de l'existence. Seuls les plus importants resurgissent à l'esprit parfois et suscitent une certaine souffrance ou des regrets.

Tous, nous devons sans cesse effectuer des renoncements plus ou moins pénibles, en raison de facteurs évolutifs ou circonstanciels. Quelques-uns de ces renoncements sont naturels, les autres accidentels. Certains, plus que d'autres, peuvent être perçus comme des choix, des priorités, ou encore comme une forme de résignation somme toute plus pacifiante que souffrante. D'autres encore, il est vrai, ne cesseront jamais de nous paraître absurdes sans qu'aucune justification ne parvienne à les apaiser. Tous, nous devons aussi accepter cette dure réalité: nous n'avons malheureusement pas le pouvoir de tout sauvegarder, de tout rattraper, de tout régler selon nos désirs.

CHAPITRE 16

La soif de vivre

Nous avons été tentés de terminer cet ouvrage par le chapitre précédent. Nous aurions alors sans doute pu élaborer plus longuement sur les renoncements qui bouleversent l'univers d'un grand malade: la perte d'un membre, d'une faculté ou d'une fonction; l'altération de l'image corporelle et de l'estime de soi; l'abandon d'un idéal de vie et de projets; la modification des relations affectives; le deuil de certaines espérances; et, enfin, la perte ultime, celle de la vie, laquelle est cependant le lot de tous les êtres humains. Mais, par le fait même, nous aurions donné au présent ouvrage une orientation pessimiste contraire à son but fondamental. Voilà pourquoi nous concluons par des aspects moins sombres.

En premier lieu, bien que nous ne puissions minimiser l'ampleur de certains bouleversements occasionnés par une maladie grave, nous nous devons de souligner, d'une part, qu'ils ne sont parfois que temporaires et que, d'autre part, ils ne provoquent pas forcément un ébranlement majeur ni des renoncements déchirants parmi tous les individus aux prises avec la même situation.

En deuxième lieu, nous croyons important de rappeler qu'une déstabilisation, même sévère, n'est pas obligatoirement irréversible, et que bien des malades parviennent à vaincre des difficultés qui, à première vue, leur paraissaient désastreuses ou insurmontables, pour autant qu'ils aient pu trouver les ressources nécessaires. Nous ne voulons pas suggérer que les maladies ou les épreuves sont des conditions indispensables à d'éventuels changements heureux, mais simplement mentionner qu'elles provoquent souvent un virage plus bénéfique que néfaste, après que les problèmes ont été résolus. Un exemple nous en est fourni par le cas de cette femme d'affaires, mère de trois enfants. Pendant plusieurs années, elle réussit à assumer son rôle de mère de famille en même temps que les obligations d'une profession exigeante. Une conscience sociale éveillée et une grande sociabilité l'avaient amenée à œuvrer bénévolement au profit de diverses causes humanitaires. Ce déploiement d'activités s'est poursuivi jusqu'au jour où elle a été aux prises avec une grave dépression qui a nécessité une longue hospitalisation la forçant à remanier son mode de vie. Elle a abandonné son emploi et renoncé à ses activités sociales. Une fois rétablie, elle a repris des études spécialisées. Elle occupe maintenant un poste de consultante experte qui lui apporte beaucoup de satisfaction tout en lui permettant de s'adonner à des loisirs agréables.

En dernier lieu, nous réitérons notre profonde conviction qu'en chaque être humain il existe des capacités de lutte et d'adaptation insoupçonnées ou inexploitées, qui refont surface dans les moments difficiles. Qu'ils ressortent du domaine public ou de l'histoire, ou qu'ils appartiennent aux expériences du lecteur, les exemples évocateurs ne manquent pas. On ne répétera jamais assez que la faculté de rebondir, de se projeter dans l'avenir, de combattre l'adversité et de ne pas céder à l'aveugle cruauté du destin constitue l'un des traits de caractère parmi les plus nobles du genre humain. C'est cette faculté qui permet à l'homme de rester jusqu'au bout maître de sa destinée, d'affirmer bien haut sa foi en la vie, et qui l'incite au dépassement et à l'espérance.

Néanmoins, ce privilège contient un côté négatif. En effet, si les forces vives nous invitent à l'accomplissement et au dépassement, elles nous entraînent aussi dans un tourbillon d'incessantes activités, qui finissent parfois par être privées, déconnectées de leur signification première. Ainsi, selon l'expression courante, on ne travaille plus pour vivre, mais on vit pour travailler; ce qui signifie que l'action dynamique et réfléchie devient une agitation désordonnée. L'être entier se heurte malgré lui à un cruel dilemme: comment concilier la nécessité d'aller de l'avant et celle de lutter sans relâche contre le besoin de ressourcement et d'intériorité? La nature humaine est ainsi faite que ce sont souvent les impondérables, les précarités de l'existence, les repos forcés qui lui fournissent une partie de la réponse. Malheureusement, c'est souvent lorsqu'il est mis en présence de ses fragilités et de ses limites que l'être humain approfondit son questionnement sur le sens de sa vie, qu'il reprend contact avec ses émotions et ressent toute l'intensité du moment présent. Lorsque sa vie est menacée, l'individu sent jaillir en lui une **soif de vivre** renouvelée, empreinte de significations nouvelles, une **soif de vivre** «purifiée», débarrassée de considérations mineures.

Voici quelques exemples à l'appui de nos affirmations. Un père relate la profonde émotion qui l'étreignit quand, après une anesthésie générale, son enfant s'est réveillé en disant: «J'ai faim.» Une patiente insistait pour être tirée du sommeil à l'aube pour assister au lever du soleil. Un homme privé de ses facultés gustatives demandait à son épouse de préparer du café fort, chaque matin, pour le seul plaisir d'en humer l'arôme. Un chauffeur de taxi raconte comment il est arrivé spontanément au bénévolat: une femme lui avait demandé de se présenter à son domicile chaque jeudi, à la même heure, pour la conduire à l'hôpital. Rapidement une sympathie s'est établie entre eux. Ils en vinrent à échanger sur les événements de l'heure, puis sur les grandes questions de l'existence. Après quelque temps, il lui a offert de la transporter gratuitement aussi longtemps que les traitements l'exigeraient. Un jeune rescapé d'un accident grave témoigne ainsi de son profond changement intérieur: «Avant, je me préoccupais beaucoup de mon apparence physique et de mes performances. Au cours de mes séances de réadaptation, j'ai dû réviser mes valeurs. L'accident a laissé des séquelles et quelques personnes de mon entourage sont disparues comme par enchantement. Mais grâce à celles qui restent et qui me soutiennent, je sais maintenant ce qu'est la véritable amitié.»

En cas de maladie grave, la **soif de vivre** va bien au-delà du besoin de survie. Même s'ils sont contraints de ne plus envisager le rétablissement souhaité ou même de parvenir à d'ultimes renoncements, plusieurs malades déclarent, de mille façons, avoir changé leur optique de la vie. Cette prise de conscience se manifeste souvent par une révision des valeurs, des changements de comportement, l'intensification des liens affectifs privilégiés, une perception différente et plus aiguë des potentiels et des limites, un renforcement des ressources disponibles et une valorisation accrue de certains faits et gestes. Lorsque le temps risque de fuir très rapidement, chaque instant constitue un précieux moment de grâce, une occasion qui, peut-être, ne se représentera pas d'effectuer une sélection parmi les priorités et de se tourner vers l'essentiel, quelles que soient la nature et l'importance de ces choix. Toute menace sérieuse met en relief la nécessité de ne pas gaspiller la moindre parcelle de ce temps si précieux qui, naturellement, est tenu pour acquis dans le déroulement normal de l'existence. Selon les circonstances, ce temps qui lui a été imparti servira au malade à renforcer sa détermination à lutter et à nourrir son espoir. Il lui sera aussi précieux pour régler des affaires inachevées, des conflits latents, combler certains désirs ou encore entreprendre des projets qui lui tiennent à cœur.

Au-delà de toute considération d'ordre pratique ou circonstanciel, l'expression **soif de vivre** traduit exactement l'impérieux besoin de s'atteler **sans perdre de temps** à tout ce qu'il reste à accomplir, quels que soient le temps et les moyens disponibles, et réaffirme, en dépit de tout et jusqu'au bout, le caractère impérissable et sacré de la vie.

Témoignage

À notre demande, et dans un esprit de solidarité, madame Louise Falardeau Desjardins a accepté de livrer au lecteur le texte suivant. Ce témoignage vibrant d'authenticité, de courage et de détermination, qui émane d'une amie, prend ici une intensité toute particulière. C'est avec un profond sentiment de reconnaissance et d'admiration que nous vous l'offrons en guise de conclusion.

J'étais soignante, je suis maintenant soignée, quel pas difficile à franchir. Depuis presque six ans, je vis de temps emprunté. Je savoure cette seconde chance qui m'est donnée. Je me sens maintenant en urgence de vivre. Boulimique de la vie. J'ai le goût de prendre les bouchées triples et même quadruples, mais n'en ai pas l'énergie, car je subis la multitude d'inconvénients et de malaises liés à mon état. Toutes ces misères physiques qui surgissent de façon importune et qui font que je me sens diminuée, mal à l'aise, inquiète, mais auxquelles je m'habitue avec le temps.

Après la troisième opération, l'urologue m'apprend que le cancer se situe à l'urètre et qu'une intervention majeure est nécessaire pour exérèse de la vessie, des trois quarts du vagin et l'installation d'une urostomie (sac placé sur l'abdomen pour recueillir l'urine). En réponse à mes questions, il ajoute que le pronostic est **sombre,** que je **ne travaillerai plus,** et que je **n'aurai pas de retraite.**

J'ai soudain l'impression qu'un voile noir me recouvre. Seule dans la chambre d'hôpital, l'angoisse monte, m'inonde. Un **sac...** Souvent j'avais dit à mes compagnes de travail, quand j'enseignais aux patients à installer ou à prendre soin de leur stomie, que je me suiciderais plutôt que de subir ce handicap. Pourtant, j'ai accepté l'opération, sans toutefois accepter le sac d'emblée. Le médecin reparti, plusieurs questions sont encore restées sans réponses.

Le même soir, dès que j'ai réussi à raffermir ma voix, je téléphone à mon mari pour lui demander de venir me chercher pour deux semaines de congé à la maison avant l'opération. Au moment de l'annonce du cancer et de la mutilation, la douleur morale est plus difficile à supporter que la souffrance physique postopératoire, causée par les biopsies.

Notre petit-fils est né ce jour-là, mais nous n'avions pas le cœur à la fête. Une vie qui commence, une qui se termine... Pendant dix jours j'ai tenté d'éradiquer le cancer et le sac. Nous avons profité de ces moments de liberté pour nous permettre ce que, en «temps normal», nous reportions à plus tard. Nous avons visité les musées, visionné des films, assisté à des spectacles en compagnie d'un ami très cher, un frère choisi, qui fait partie de notre vie, en partage les bons comme les mauvais moments. Il s'associe à tous nos états d'âme, il sait écouter, rassurer, comprendre et même accepter les moments d'agressivité. Cette amitié sincère, réconfortante, dévouée et enrichissante nous a toujours été très précieuse.

Les derniers jours de ces vacances thérapeutiques nous étaient réservés exclusivement à mon mari et à moi. J'avais l'espoir de m'en tirer, car l'urologue m'avait dit que les chances de réussite étaient 50-50 et que la réussite ou l'échec de l'opération dépendait de mon attitude à 50 pour cent. Donc, dans ma tête, c'est sur la table d'opération, même anesthésiée, que le combat commençait.

J'ai employé les derniers jours avant l'hospitalisation à préparer et à congeler les repas de mon mari pour deux mois. J'ai aussi préparé les cartes et les cadeaux pour les anniversaires des amis, qui auraient lieu au cours de cette période. J'ai également planifié les piluliers de mon mari hypertendu, qui «souffre» d'une aversion des médicaments. Organisé le train-train quotidien et accompli beaucoup d'autres choses. Nous avons fait le bilan des années passées ensemble, de notre grand amour, de notre immense tendresse, de notre profonde affection. Ce furent des moments précieux, exquis mais difficiles à vivre.

Je me trouvais chanceuse d'avoir eu le temps de compléter ce bilan. Tant de gens meurent dans le silence. J'ai aussi apprécié ce repas chez mon frère avant mon hospitalisation, car tous ceux que j'aime y étaient: ma mère, mon frère, ma belle-sœur et mes nièces que je considère comme mes rayons de soleil, ma fierté, mon orgueil, comme si j'en étais la grand-mère. Tous réunis autour de la table familiale. J'aurais voulu leur dire à quel point je les aimais et comme j'avais besoin d'eux, mais les mots me manquaient. Surtout je ne voulais pas que cette réunion soit empreinte de tristesse, car, si je ne devais pas revenir, je souhaitais que le souvenir de ces heures soit heureux. Cependant, pour moi, c'était un repas d'adieu. Notre vie de famille se déroulait dans ma tête, c'était le passé, en revanche j'espérais tellement voir évoluer et vieillir mes nièces. Je me demandais si elles se souviendraient de moi au cas où je ne m'en sortirais pas.

Le lendemain, j'entrais à l'hôpital pour l'opération. Les visites de l'anesthésiste et de la stomothérapeute ont été plutôt rassurantes. Par contre, l'urologue m'a laissé entendre que, si le cancer était trop avancé, il ne pourrait pas faire l'urostomie. Si c'était le cas, il refermerait la plaie sans installer le sac. Après, il y aurait peut-être de la chimiothérapie et, si j'y répondais bien, une nouvelle opération pour l'installation du sac.

À mon réveil aux soins intensifs, après huit heures en salle d'opération, mon premier geste conscient a été de palper mon flanc droit. «Merci mon Dieu, le sac y est...» et ma prière était sincère. Comme quoi tout est relatif dans la vie, remercier d'avoir un sac!

Je passe sous silence les cinquante-deux jours d'hospitalisation qui m'ont valu le surnom de «Madame Courage». Quelle bataille difficile j'ai eue à livrer, je me sentais en état de légitime défense, prête à tout pour terrasser l'adversaire, ces cellules ennemies qui m'avaient envahie, et je me défendais avec l'énergie du désespoir. La présence chaleureuse et réconfortante de mon mari m'a grandement aidée. Il a été un allié indéfectible dans la bataille de la survie. Il parlait de «notre» convalescence... Cela me rappelait mon temps de jeune couventine quand les religieuses parlaient de «notre robe», «nos lunettes...» Le cinquantième jour, l'urologue m'apprend que j'ai des **métastases.** Le mot résonne encore à mes oreilles, même après toutes ces années. Moi qui étais convaincue d'avoir gagné le rude combat et qui me croyais redevenue **éternelle.** Il ajoute qu'il me réfère en oncologie pour de la chimiothérapie. Quel mot lourd de conséquences, une autre «saloperie». J'avais juré de ne jamais m'y soumettre. Encore une fois j'ai admis qu'il ne faut jurer de rien quand c'est la **vie** qui en dépend. Sans chimio, je n'avais plus que quelques mois devant moi; avec elle, des années peut-être. L'annonce des métastases a opacifié le voile noir qui me recouvrait depuis l'annonce du cancer. La barrière au bout de mon horizon m'a paru soudain se rapprocher. Seule dans ma chambre d'hôpital, aux murs vert espérance, j'étais devenue aveugle, tout était noir. J'étais tombée au fond d'un gouffre immense, et transie par un froid humide, toutes mes pensées étaient ballottées dans une bourrasque de sentiments contradictoires. Je me sentais aussi dévastée qu'après le passage d'une tornade. Mon père est mort d'un cancer de la gorge avec métastases, ma grand-mère maternelle est décédée à cinquante-quatre ans d'un cancer de l'utérus avec métastases. Je suis la huitième personne de la famille à subir ce douloureux diagnostic. Difficilement je recommençais à prendre pied, à refaire surface, à mettre un peu d'ordre dans mes idées quand une stagiaire me demande à brûle-pourpoint: Ça fait quoi de mourir à cinquante-deux ans? Je n'ai pu que lui répondre que je ne mourrais sûrement pas à cinquante-deux ans, car j'en aurais cinquante-trois après-demain. Mais me revoilà précipitée au fond de l'abîme, confrontée à l'idée de la mort évoquée par quelqu'un d'autre cette fois, et non par moi quand bon me semble. Envolé le confort moral et psychologique si lentement acquis pendant la récupération postopératoire. Je me relevais à peine du dernier choc de l'annonce des métastases. Alors, j'ai failli sombrer dans l'incontinence émotionnelle. J'ai dû enfouir mes émotions. Je me devais d'épargner mon mari et ma mère alors âgée de quatre-vingt-quatre ans. Je ne voulais surtout pas cultiver ma peine. J'avais besoin de toutes mes énergies pour entreprendre la chimio. Avoir de la peine est normal, il s'agit de l'accepter avec courage. Paul Cazin a dit: «Qu'est-ce que le courage? Sinon de garder devant le danger une **âme sereine et un esprit libre.»** Je me devais donc d'avoir du courage, de la sérénité, de l'espoir pour entreprendre la bataille des globules. Pendant cette période, je me suis souvent demandé si toutes ces peines étaient nécessaires pour nous faire apprécier les moments heureux. J'ai finalement compris que, face à la mort, on n'atteint un sentiment de liberté que lorsque la peur est partie. Jamais je n'ai eu vraiment peur de mourir, seule la souffrance m'effrayait. Mais tant qu'il y a de la vie... Et aussi longtemps qu'on y croit, il y a des solutions. Je me rends compte que frôler la mort nous amène à aimer et à apprécier la vie encore plus.

Mon médecin de famille, compétent, disponible et profondément humain, nous a aussi beaucoup aidés, rassurés, réconfortés et sécurisés, mon mari et moi, en nous renseignant sur les nouvelles médications antidouleurs administrées à domicile. Mon vœu le plus cher étant de mourir «chez nous» dans mon lit, entourée de mon mari et de ma famille.

Je souhaite vivre aussi longtemps que ma qualité de vie se maintiendra, après je suis prête à mourir, à accepter la séparation définitive. Et surtout, j'espère avoir le temps d'y préparer mon mari. Ce temps — long ou bref — est si difficile à retenir et je veux l'utiliser au maximum. Puis, l'oncologue m'apprend que la chimio pour les voies urinaires est «forte», ce qui veut dire trois jours d'hospitalisation chaque mois avec perfusion vingt-quatre heures par jour, et cela, pendant trois mois. J'hésite. Alors, mon mari me dit doucement qu'il n'y a que douze ans que nous sommes heureux ensemble, que c'est bien peu. La chimio nous donnerait peut-être la chance de continuer de vivre encore tant de choses passionnantes, de partager de beaux moments. Ma décision est prise, je commencerai les traitements prescrits.

Comme c'est difficile la chimio. Ces solutés jour et nuit. Que d'anxiété! Mes veines fragiles tiendront-elles le coup avec ces assauts de nausées et ces vomissements qui n'en finissent plus — les coliques abdominales et combien d'autres maux. J'ai l'impression que la vie se retire peu à peu. Sourire devient un exploit. Ce traitement me vide. Je me sens aspirée, sans force morale et physique. Pour la première fois je demande à Dieu de mettre fin à tant de souffrances, je suis au bout du rouleau. Puis survient la période des questions. Pourquoi ce supplice? Cela en vaut-il la peine? Que me réserve l'avenir? Avec le sac d'urostomie et les métastases en prime. J'ai l'impression de régresser continuellement, respirer tient de la prouesse, j'en suis quasiment à la position fœtale. Pourquoi faut-il atteindre le fond pour **peut-être** s'en sortir? Le troisième jour, mon mari me ramène à la maison. Il sait me faire sentir que, quel que soit mon état, ma place est toujours chaude et qu'il la gardera ainsi tout le temps voulu. La récupération de la chimio est lente à cause de toutes les complications survenues en cours de traitement. Mais grâce aux bons soins de tous les intervenants, j'ai réussi à terminer les cycles de chimio. Puis ce fut le scan, l'attente du verdict, la **peur** de recommencer la chimio.

Mais, c'est la **rémission.** La joie éclate, tel un ballon percé avec une épingle. Nous avons gagné à la loterie de la santé. L'oncologue, les infirmières m'embrassent, c'est l'allégresse. Je rayonne malgré ma tête luisante. Je me sens presque indécente de retraverser la salle d'attente où tant d'autres malades attendent un verdict.

Même si l'oncologue m'avait bien mise en garde («C'est une rémission et non une guérison.»), encore une fois je me suis crue redevenue éternelle. Mon énergie revenait peu à peu. Nous recommencions à faire des projets à court et à moyen terme. J'ai alors compris que, lorsque l'on croit avoir tout son temps, on le tient pour acquis sans y songer, sans vraiment l'apprécier. C'est pourquoi sachant mon parcours terrestre raccourci, je ne veux plus remettre à plus tard. Mon avenir, c'est le présent.

C'était l'arrivée du printemps, la nature, de nouveau en ivresse, était exubérante comme si elle était pressée d'en finir avec les derniers relents des mois d'hiver. L'arrivée des oiseaux avec leurs gais piaillements, l'apparition des bourgeons, tout me ravissait. Tant de choses auxquelles je n'accordais aucune importance avant cette maladie qui m'essouffle encore mais qui m'apprend à vivre, à apprécier chaque moment qui passe comme un cadeau. Par obligation, je sais maintenant accepter l'inacceptable.

Je ne suis pas née avec le mode d'emploi de la vie de malade, avec toutes les tribulations, tous les renoncements et les deuils qu'elle comporte. Je dois souvent réprimer l'angoisse qui m'étreint, qui me ravage, tel un ouragan. Petit à petit, j'essaie de me bâtir un refuge intérieur pour me mettre à l'abri des intempéries de la vie. D'autres moments, je me sens coupable d'être malade et d'imposer une vie de renoncement à mon mari, mais je n'ai pas choisi mon sort et j'essaie de donner le meilleur de moi-même. Ma tâche la plus importante consiste maintenant à essayer de donner du bonheur à mon entourage. Et ce n'est pas toujours facile après toutes les pertes et les mutilations que j'ai subies et avec le peu d'énergie qui me reste. Il me faut aussi préparer mon mari à vivre la séparation. Difficile passage vers la solitude, surtout quand on a choyé et soigné pendant des années. Il lui faudra accomplir des efforts importants pour s'y habituer et je ne serai plus là pour l'aider. Heureusement il s'intéresse de plus en plus à des choses qui le laissaient autrefois indifférent, notamment la sculpture.

Aux quatre mois recommence la kyrielle des analyses et des examens et c'est une période très difficile pour nous deux. Quand le temps du verdict approche, la fébrilité augmente à en devenir palpable, elle est quelquefois difficile à soutenir. Si le résultat est positif, c'est-à-dire si les ganglions ont grossi, cela veut dire six mois de léthargie. Quand on se sait condamnée, on n'a plu de temps à perdre dans le demi-coma de la chimiothérapie. J'ai la peur collée au cœur pendant ces longues semaines d'attente des résultats. J'ai toujours l'impression de sentir une nouvelle grosseur ou une douleur inconnue, signe de l'apparition d'une métastase. Pour mon mari, c'est difficile et épuisant, moralement et physiquement, d'avoir à subir toutes ces alertes. Son moral s'use et c'est normal après toutes ces peines et tous ces renoncements. Depuis le début de ma maladie, il traverse des moments pénibles. Notre vie se déroule en dents de scie, un jour nous sommes gonflés à bloc, puis l'autre, précipités dans l'abîme. Bien sûr, il n'est pas atteint dans sa chair mais dans son âme, et c'est lui qui **restera...** Il est devenu champion dans l'art de réconforter, d'encourager, de soigner, de faciliter la vie. Quelquefois, il fuit dans le travail et la sculpture; il vit des périodes de détresse qui se transforment parfois en agressivité, c'est compréhensible. Mais c'est à la vie seule qu'il en veut et à personne d'autre; elle nous donne tant de coups de griffes. J'apprends doucement à régler la guerre de mon intérieur, il y parviendra aussi, car il croit fermement que toute bataille peut être gagnée et que nous gagnerons la nôtre.

Le dernier scan a montré des cellules **malignes.** Après deux ans de rémission, la dure réalité réapparaît. Il faut recommencer la chimio, les périodes d'hospitalisation et les traitements en externe. J'avais conservé perruques et turbans; ils me serviront de nouveau. Comme il faut tenir à l'existence pour encore recommencer, je tiendrai le coup tant que la qualité de vie que j'exige y sera. Mais, j'ai beaucoup de mal à accepter ce nouvel épisode. Après tout, je ne suis qu'un être humain avec ses failles, ses qualités et ses défauts. Chanceuse malgré tout, car je suis gavée d'amour, de tendresse, d'amitié et d'affection. J'ai mon réseau de «pensées positives».

Une fois de plus, j'ai gagné la bataille. À maintes reprises, j'ai vécu l'expérience de la salle d'attente d'oncologie où grandeurs et misères humaines se rencontrent: visages et corps pâles et émaciés côtoient les privilégiés de la rémission.

Tous racontent misères et victoires et s'encouragent. Le misérabilisme n'y est pas courant. L'attente est longue, éprouvante: certains regards sont embués de larmes. Pour d'autres patients, la vie semble s'écouler comme un robinet d'eau tiède. Les plus malheureux sont ceux pour qui le cancer et la mutilation corporelle ont amené le désamour et aussi ceux qui parlent haut et fort, prétendant n'avoir besoin d'aucun secours. Ce sont les plus menacés, c'est-à-dire les plus fragiles. Ils n'ont pas encore accepté l'inévitable fatalité qui nous atteint tous en oncologie. Mais que d'appels au secours dans tout le «non-dit» des muets.

L'annonce de la rémission a été un moment jubilatoire. Depuis, je tente désespérément de repousser les limites du possible, mais, quand le cancer a creusé un précipice dans notre chemin de vie, le vertige est souvent très grand au sens propre comme au figuré. Je veux que la misère de ma maladie soit sereine. Je tiens à ce que mon entourage garde de moi un bon souvenir. J'ai aussi appris à mesurer le temps non pas en durée, mais en intensité et en qualité, et puisque je ne puis rien modifier au passé, je veux enjoliver **mon présent qui est maintenant devenu mon avenir.**

Le cancer est comparable à l'exil du fait qu'il force à changer le rythme et les rites de la vie, et il faut s'y adapter. Je me dois d'économiser mon énergie pour des choses vraiment importantes qui nous sont utiles à mon mari et à moi.

Je relève les défis qui sont à la mesure de mon énergie, je hausse la barre d'une toute petite ligne à la fois et non au pouce comme avant. La souffrance physique et morale m'a fait grandir; maintenant, quel que soit le temps qu'il fait, je me sens remplie de soleil. Je désamorce l'angoisse plus facilement. Je me sens plus sereine, car mon mari a réussi à apprivoiser l'idée de la mort. Il peut maintenant en parler. L'un et l'autre, nous pansons nos bleus à l'âme et au cœur. Nous ne nous attardons plus qu'aux choses simples porteuses d'espoirs. Il a maintenant ses amis à lui qui viennent jouer au billard ou aux échecs sans aucune participation de ma part. J'ai investi beaucoup d'énergie pour qu'il parvienne à cette étape importante, car au décès d'un conjoint, l'autre est souvent abandonné par le cercle d'amis formé de couples. Il a aussi appris à cuisiner. Je me sens soulagée et heureuse, je remercie Dieu de m'avoir accordé le temps voulu pour l'aider à aplanir les difficultés reliées à la mort du partenaire. Il en souffrira moins quand sera venu pour moi le temps d'entreprendre seule ma «croisière» vers l'inconnu.

Les phases de cette maladie nous amènent à constater que nous pouvons être privés de plusieurs choses que nous jugions essentielles, sans pour autant en souffrir trop. Le renoncement au bien-être, dans le sens de perte de la certitude ou de la guérison, est difficile à accepter. Cependant, le bonheur se vit, il ne se raconte pas et encore moins ne s'écrit. Si l'on décompose le mot «bonheur», on y trouve bonne et heure, c'est donc à chacun qu'incombe la responsabilité de faire en sorte que toutes les heures soient bonnes. Le bonheur, c'est comme la santé, il ne s'achète pas, il se fait.

Toutes les ressources nécessaires sont en nous. À nous de les trouver et de les mettre à profit pour transformer nos pertes en gains. Même s'il y a des moments tragiques dans la vie, il ne faut pas la transformer en un perpétuel drame. Les ressources sont en nous, il nous faut les trouver et les mettre à profit, des côtés positifs aux pires épreuves: je dis merci à cette maladie qui m'évitera le brouillard de la vieillesse.

Quelquefois, je rêve que je suis intacte et en bonne santé. Au réveil, je sais que tout cela n'est que le délire de mon imagination et provient sans doute de ce tout petit coin dans ma tête, là où se réfugient mes espérances. Avec le temps qui passe, je subis d'autres pertes. Je dois m'adapter à une vie de moins en moins facile, mais je tiens entre tout à ce que mon extérieur ne laisse pas trop paraître la souffrance de mon intérieur. J'ai l'impression de toujours recommencer ma vie avec les nouveaux outils de compréhension que me procure la maladie. Je dois refixer mes repères, déplacer mes balises en essayant de ne pas trop tituber moralement. Surtout, je dois être bien consciente que le statut de cancéreuse ne me marginalise que dans la tête. Se convaincre de ne vivre qu'un jour où même une heure à la fois, apprendre à effacer les mauvais souvenirs et à ne pas avoir peur du lendemain pour ne se concentrer que sur le moment présent, voilà qui requiert beaucoup de force. Notre vie ressemble souvent à une partie de «parchésie» interminable: un jour on grimpe l'échelle, le lendemain c'est la chute brutale; il faut tout recommencer, relancer les dés de l'espoir.

Je crois que j'ai réussi à comprendre, à accepter et à apprivoiser la fragilité de mon existence. Après les quatre mois que je viens de subir, durant lesquels les accrocs à ma santé se sont poursuivis, ma pensée chancelle de la lutte à la démission.

Si je partais maintenant, tant de projets resteraient inachevés. Quand j'y pense, cela suffit pour faire redémarrer le moteur de l'enthousiasme. Fernand Séguin a déjà écrit: «Il est triste de côtoyer des gens dont le merveilleux a déserté le monde.» J'ai la chance que l'émerveillement persiste et souvent même augmente, cela m'aide à accepter tous les inconvénients du quotidien. Savoir m'accommoder de ce qui ne peut être changé et **faire face** à la **vie.** La maladie m'a appris à supporter l'incertitude, à garder les deux pieds sur terre, à ne pas regarder la vie à travers des lunettes roses ou noires. Je suis joyeuse tout en demeurant lucide et réaliste. J'essaie de voir les choses telles qu'elles sont et non pas à travers mes craintes, mes désirs et mes espoirs. Pas si facile à réaliser.

Au fil des ans, je réalise qu'il est de plus en plus difficile de vivre journellement l'intensité du sentiment de la mort prochaine. Après quelque temps, l'intérêt des amis, les marques d'affection et les gâteries de toutes sortes diminuent, puis disparaissent peu à peu. Il faut s'adapter. Cependant, à certains moments, quand je constate tout ce beau temps de vie qui m'a été **donné,** je ressens une bouffée, un transport de joie et je me rends compte que le sens de la vie m'élève au-dessus de bien des difficultés.

Sénèque a dit: «Chaque jour est à lui seul une vie.» Il n'en tient qu'à moi de faire de chaque jour qui reste une réussite. Malgré tout, le cancer comme la souffrance est positif, car il nous apprend à découvrir l'essentiel, en nous, en ceux qui nous aiment et que nous aimons. Aujourd'hui encore, comme il y a presque six ans, je suis prête à mourir, mais je veux vivre aussi longtemps que ma qualité de vie y sera. Et je vous livre la prière qui m'a tant aidée: «Mon Dieu, donnez-moi la sérénité d'accepter les choses que je ne puis changer, le courage de changer celles que je peux et la sagesse d'en connaître la différence.»

Louise Falardeau Desjardins

Remerciements

Ce livre n'aurait pas vu le jour sans tout ce que les malades nous ont enseigné. C'est avec nos profonds remerciements que nous le leur dédions.

Nous remercions également tous ceux et celles qui nous ont aidés moralement ou autrement, en particulier Dr Yves Quenneville, Madame Christiane Affaki, Monsieur Robert Dagenais, et, tout spécialement, Madame Louise Falardeau Desjardins.

Bibliographie

AÏACH, P., KAUFMANN, A. et R. WAISSMAN., *Vivre une maladie grave*, Paris, Méridiens Klincksieck, 1989.

BÉRUBÉ, L., *Quand c'est une question de temps*, Boucherville, éditions de Mortagne, 1987.

BUSCAGLIA, L., *Apprendre à vivre et à aimer*, Montréal, Le Jour, 1983.

FRANKL, V.E., *Découvrir un sens à la vie*, Montréal, éditions de l'Homme, 1988.

FRASER, A., *Vivre sur du temps emprunté*, Montréal, Les Presses d'Amérique, 1991.

GIBRAN, K., *Le Prophète*, Casterman, 1956.

GRAY, M., *Le Livre de la vie*, Paris, Robert Laffont, 1973.

_____. *Le Nouveau Livre*, Paris, Robert Laffont, 1980.

PELLETIER, D., *L'Arc en soi*, Paris, Montréal, Robert Laffont/Stanké, 1981.

_____. *Ces îles en nous*, Montréal, Québec Amérique, 1987.

PERRIN, L., *Guérir et sauver*, Paris, éditions du Cerf, 1987.

QUENNEVILLE, Dr Y., «Pourquoi dire la vérité au patient?», Union médicale du Canada, vol. 113, n° 11, novembre 1984.

QUENNEVILLE, Dr Y., «Communication et vérité», Les Annales de soins palliatifs: les défis, coll. Amaryllis, n° 1, 1992, p. 163-166.

SIEGEL, B., *Messages de vie*, Paris, Robert Laffont, 1991.

VAN DER BRUGGEN, H., *Ce malade qui existe*, Paris, Le Centurion, 1977.

VIORST, J., *Les renoncements nécessaires*, Paris, Robert Laffont, 1988.

Table des matières

Préface 7

Introduction 11

Chapitre premier
   Le choc du diagnostic 15

Chapitre 2
   Le contexte individuel et familial 19

Chapitre 3
   Vos premières batailles 27

Chapitre 4
   Le traitement de la vérité 31

Chapitre 5
   Le pronostic 37

Chapitre 6
   La souffrance globale 41

Chapitre 7
   Le soutien de la part des soignants 47

Chapitre 8
   Le soutien venant de votre entourage 51

Chapitre 9
   Le soutien spécialisé 61

Chapitre 10
   Solidarité et partage 67

Chapitre 11
   Vos ressources intérieures 73

Chapitre 12
    La spiritualité.. 79

Chapitre 13
    Vos relations affectives.. 83

Chapitre 14
    La créativité 91

Chapitre 15
    Les renoncements 95

Chapitre 16
    La soif de vivre 101

Témoignage 107

Remerciements 119

Bibliographie 121

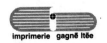

imprimerie gagné ltée

IMPRIMÉ AU CANADA